AF262499

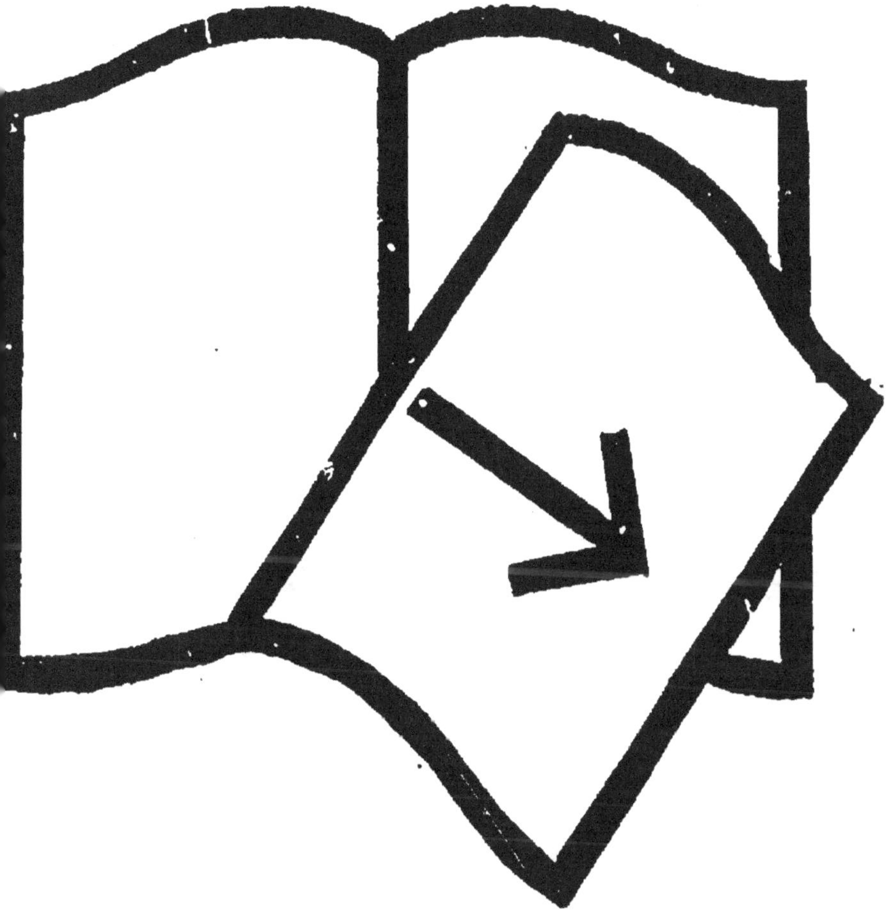

Couverture inférieure manquante

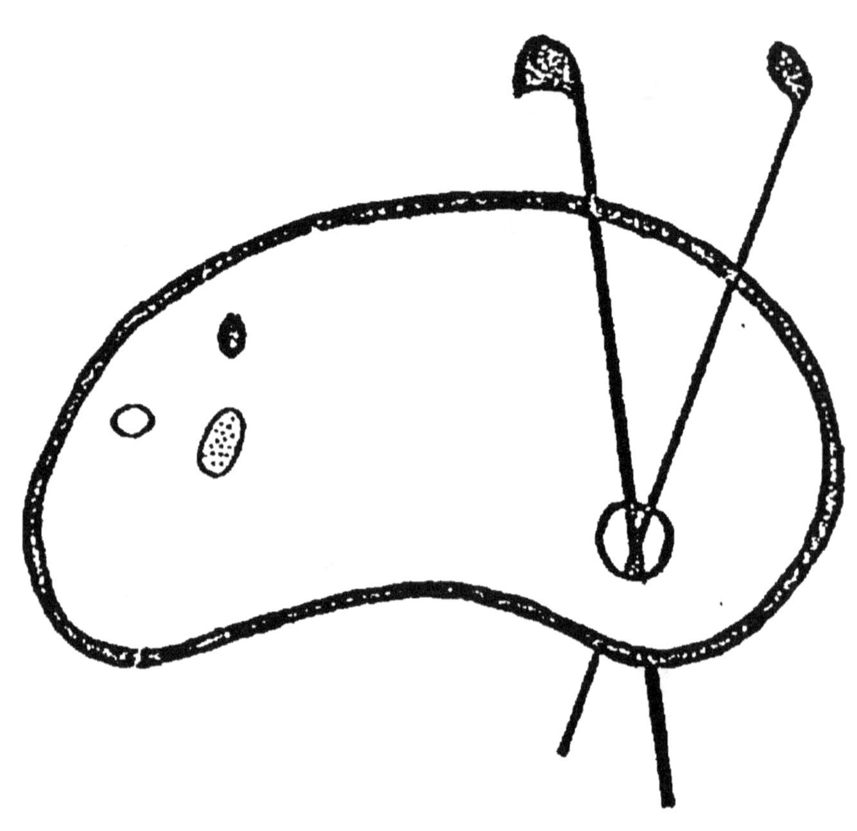

DEBUT D'UNE SERIE DE DOCUMENTS
EN COULEUR

SOUVENIRS MILITAIRES

DE

DOISY DE VILLARGENNES

PUBLIÉS PAR

M. G. BERTIN

PARIS

EMILE PAUL, ÉDITEUR

100, Faubourg-Saint-Honoré, 100.

1900

Le Carnet Historique et Littéraire

REVUE RÉTROSPECTIVE ET CONTEMPORAINE

Paraissant le 15 de chaque mois

Directeur : Comte FLEURY

AUX BUREAUX DE LA REVUE

Paris, 59, avenue de Breteuil, 59

ABONNEMENTS. — FRANCE : **22** FR. — ÉTRANGER : **25** FR.
LE NUMÉRO : **2** FRANCS.

DERNIÈRES PUBLICATIONS (tirés à part)

du *Carnet historique et littéraire.*

chez Emile PAUL, 100, Faubourg-Saint-Honoré :

P. MARMOTTAN. . . .	Documents sur le royaume d'Étrurie	3 fr.
Comte DE DIESBACH .	Souvenirs de Wolf Tone	3 fr.
Vicomte DE GROUCHY .	Journal de Bellot de Kergorre.	10 fr.
—	Nouvelles à la main de la fin du XVIIIe siècle .	5 fr.
G. MONVAL et Cte FLEURY.	Souvenirs sur le Théâtre-Français, de Jouslin de la Salle	5 fr.
J. GARSOU.	L'évolution napoléonienne de Victor Hugo sous la Restauration.	1 fr.
L.-G. PÉLISSIER. . .	La jeunesse du marquis d'Antonelle	1 fr.

LE CARNET PUBLIERA EN 1901 :

Le *Journal de marche* du colonel Klobb; les *Souvenirs* du duc de Gramont sur la Révolution de 1848; les *Souvenirs* du général marquis d'Hautpoul; le *Journal* de Mary Berry; des *Notes d'Art* de Cluseret; le *Journal* de Laurence, député aux États généraux de 1789; les *Souvenirs vendéens* de François Desprès; la *Correspondance* du chevalier de l'Isle avec le comte de Riocour; les *Souvenirs* de Jouslin de la Salle sur la Porte-Saint-Martin; des *Lettres* de Mlle E. Lerou, de la Comédie-Française; le *Journal* d'un prisonnier de guerre anglais (1814); une *Correspondance intime* de l'abbé de Montesquiou; des *Lettres* sur la campagne d'Égypte du capitaine Thurman; le *Portefeuille* du duc de Rovigo; les *Aventures* d'un soldat (Edward Castillo); de curieux *Dossiers* d'émigration; les *Papiers* du général comte Max. de Caffarelli; des *Biographies* d'officiers, descendants de comédiens, par le baron G. de Contenson; des *Autographes*, *Documents*, communiqués par MM. le duc de la Trémoïlle, le prince d'Essling, Albert Vandal, Frédéric Masson, le duc de Lesparre, le duc de Bassano, le duc de Fezensac, Mme L. de Cernay, MM. le marquis de Pontoi-Pontcarré, le marquis de Barral-Montferrat, le comte C. de Beaumont, le baron Du Casse, Brenot, le vicomte de Grouchy, le comte de Caffarelli, le comte de Sainte-Suzanne, G. Roberti, Mme Charavay, MM. le comte de Ségur, Paul Marmottan, le baron Durrieu, C. d'Arjuzon, Antoine Guillois; L. Pingaud; des *Portraits* et *Lettres* de femmes, par le comte Fleury; des *Variétés*, *Nouvelles* ou *Impressions de voyage*, par MM. A. Foulon de Vaulx, le comte A. Lambert, Abigaïl, G. de Ségur, Paul Gaulot, M. de Baillehache, Moussoir, Tuetey, Stein, E. Bigot, Paul Barret, A. Terrade, J. Garsou, Mme Maria Star, MM. Victor Legay, G. Duval, Reynaud.

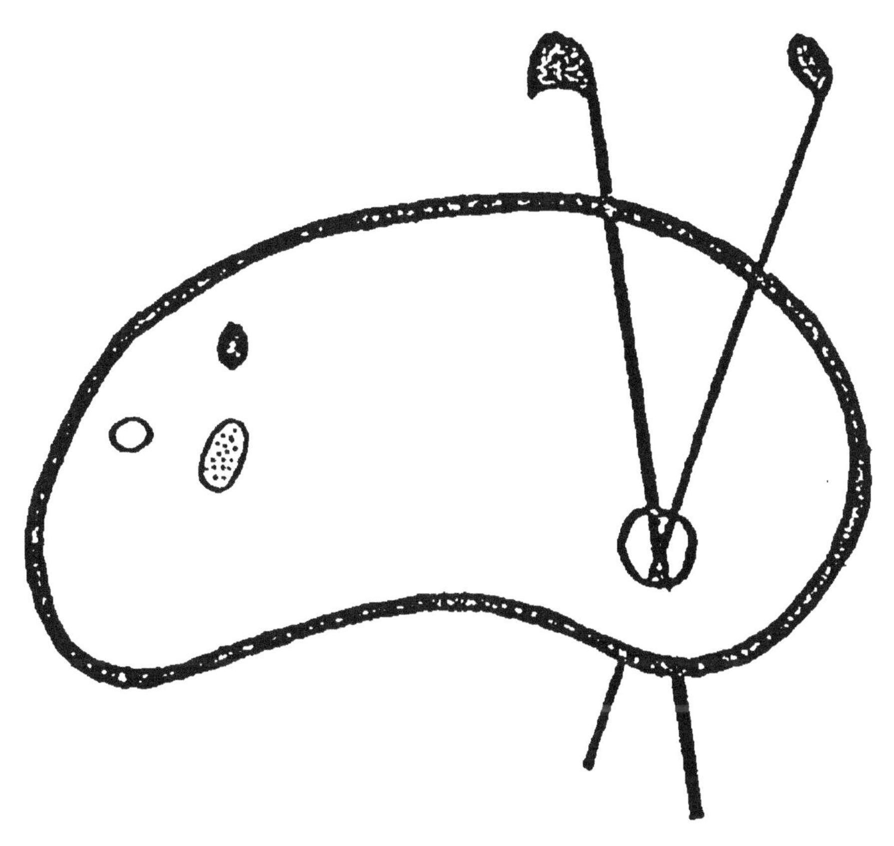

FIN D'UNE SERIE DE DOCUMENTS
EN COULEUR

SOUVENIRS MILITAIRES

DE

DOISY DE VILLARGENNES

Nº

SOUVENIRS MILITAIRES

DE

DOISY DE VILLARGENNES

PUBLIÉS PAR

M. G. BERTIN

PARIS

EMILE PAUL, ÉDITEUR

100, Faubourg-Saint-Honoré, 100.

1900

Souvenirs militaires de Doisy de Villargennes

Les *Souvenirs* dont nous donnons une traduction ont paru en 1884, à Cincinnati, sous le titre de : *Reminiscences of Army life under Napoleon Bonaparte*, par Adelbert-J. Doisy de Villargennes, ancien vice-consul d'Italie à Cincinnati, fils du vieil officier de l'armée française.

Retiré à Detroit, Etat de Michigan, après la chute de l'Empire, Adelbert-Jacques Doisy devint probablement citoyen américain sans que son cœur cessât de rester attaché à la mère patrie. D'ailleurs, courbé sous le poids des ans, mais encore plein de verdeur, l'ancien sous-lieutenant présida, le 15 août 1869, le banquet du Centenaire de la naissance de Napoléon, où vinrent s'asseoir quelques-uns de nos compatriotes habitant la région. A la fin de la réunion, le vieux brave prononça d'une voix chaude et vibrante ces belles paroles :

« Je n'ai jamais cessé de rester fidèle à la mémoire de l'Empereur et des siens : j'en avais fait le serment et je n'y ai point failli. Un seul cri est toujours sorti de ma bouche ; il sera, je l'affirme, le dernier qu'exhaleront mes lèvres expirantes : « Vive l'Empereur ! »

Les archives de la Guerre ne possèdent que peu de renseignements sur notre personnage. Nous avons pu néanmoins retrouver sa lettre de démission. Nous la transcrivons :

DEMANDE DE DÉMISSION

A Son Excellence Monseigneur le Ministre de la Guerre.

« Je, soussigné, Adelbert-Jacques Doisy, sous-lieutenant au 26e régiment de ligne, ayant eu son avancement arrêté par une captivité de trois ans en Angleterre, n'ayant point été compris dans la répartition du 15 juillet dernier, et trouvant dans le commerce un parti avantageux, a l'honneur de supplier Votre Excellence de vouloir bien lui accorder la démission qu'il demande par la présente pétition.

« Le soussigné prie Votre Excellence d'être convaincu que, quoique les affaires l'obligent de quitter les drapeaux en ce moment, il n'en est pas moins toujours entièrement dévoué au service de Sa Majesté.

« Paris, ce... (*sans date*).

« Signé : Doisy, sous-lieutenant. »

A part quelques erreurs imputables au temps, les récits de Doisy de Villargennes sont fort intéressants : son séjour en Angleterre, comme prisonnier de guerre, nous montre, même sous un jour tout à fait nouveau, l'existence des officiers français tombés au pouvoir de nos voisins. Jusqu'ici, nous ne connaissions guère que les prisons flottantes, — les ignobles pontons, comme on les appelait alors, — maintes fois décrites. Les *Souvenirs* de Doisy sont les seuls de ce genre que nous connaissions.   G. BERTIN.

La période agitée des dix premières années de ce siècle a eu pour résultat de jeter prématurément toute la jeune génération d'alors dans la tourmente inhérente aux choses humaines. Il paraît que j'étais destiné à suivre ce courant. A quinze ans (1), je fis mes débuts dans le monde, absolument livré à ma propre initiative. Une tradition de famille assurait qu'un de nos ancêtres avait été amiral. Cette tradition, jointe sans doute à mes propres dispositions pour les aventures, influença la décision de mes parents en ce qui concernait ma destinée, et l'on convint de me faire entrer dans la marine.

En novembre 1807, l'empereur Napoléon Bonaparte se décida à arracher le Portugal à la domination de l'Angleterre et y envoya dans ce but une expédition, sous les ordres de Junot.

Dans le port de Lisbonne, on trouva une petite flotte que la famille de Bragance, en fuite, n'avait pas eu le temps d'emmener au Brésil. Le commandement de cette flotte fut confié à l'amiral Magendie, parent éloigné de ma mère, qui me prit pour secrétaire. De sorte que je fus enrôlé, en qualité de novice, sur les contrôles du vaisseau-amiral, le *Vasco de Gama*. Toutefois, durant les neuf mois que notre armée occupa le Portugal, je ne vins à bord qu'en trois ou quatre occasions.

Je dois relater ici que je ne dus pas seulement ma nomination de secrétaire à mes relations de famille, mais à la réputation de *fort en anglais* que m'avaient faite de complaisants amis, et cela, parce que j'avais obtenu un prix au collège, pour une traduction orale d'une page d'un livre de Goldsmith, *le Vicaire de Wakefield !* N'étais-je pas à même de répéter assez facilement ces phrases de mon livre de conversations, que je cherche à écrire comme je les prononçais :

Good mornaing, Sair. Haou do you do ?
Zis is bioutayfool oizer, etc. (2).

____

(1) L'auteur naquit à Paris le 30 janvier 1792.
(2) Le sel de ces phrases provient de la prononciation fautive.

Après la bataille de Vimeira et la convention de Cintra, l'armée fut rapatriée sur des vaisseaux anglais. Mais, avant notre départ du Tage, il me faut relater un incident comique, qui aurait pu avoir de graves conséquences.

A la veille de mettre à la voile, le général Laborde invita plusieurs officiers anglais, auxquels il était redevable de politesses, à dîner en compagnie de quelques-uns des officiers français embarqués avec lui. Par une attention particulière, il adressa également une invitation à un officier de marine nommé Garrott, faisant alors fonction d'agent pour le transport. Celui-ci, petit et vulgaire, perdait, quand il en trouvait l'occasion, sa raison dans les libations. L'amiral Magendie et moi fûmes invités, et, à cause de ma connaissance de la langue anglaise, on me plaça à côté du capitaine Garrott, pour lui servir d'interprète au besoin. Nous étions au 3 septembre et, afin d'éviter l'odeur de la table, les sabords de la cabine avaient été laissés ouverts. Tout se passa bien durant le dîner et l'ami Garrott courtisa assidûment les bouteilles voisines. Au dessert, le général Laborde se leva, remplit son verre et, dans un bref discours, approprié à la circonstance, proposa de porter la santé de S. M. le roi George III. Toute la compagnie, debout, accepta le toast et but avec enthousiasme. Aussitôt après, un officier anglais, le colonel Haverfield, — si je me souviens bien, — proposa en termes courtois de boire à la santé de l'empereur Napoléon. Tous les verres furent scrupuleusement vidés, sauf celui de Garrott, qui protesta aussitôt avec véhémence, disant, dans un langage indigne d'un homme bien élevé, que jamais il ne consentirait à boire à la santé de « Boney » (1). Mon autre voisin de table se trouvait être un major de cavalerie, nommé Petit, une espèce d'hercule, comme taille et comme force. C'est à cet officier que le capitaine Garrott commença alors à parler, si toutefois l'on peut appeler ainsi la bordée de jurons immondes dont il assaisonna son discours. Les officiers anglais finirent par être exaspérés de son attitude provocante. Jusque-là, le major Petit était resté imperturbable ; mais, sur un geste de défi de Garrott, il se leva et dit : « Messieurs, soyez assez bons pour me le laisser. » Il s'approcha de Garrott,

___

(1) Terme méprisant dont se servaient les Anglais en parlant de Napoléon, par altération de la première syllabe de son nom de Bonaparte.

le prit, comme une poupée, par le collet et la culotte, alla à la fenêtre, le balança un moment et le précipita dans le Tage. Puis, se tournant vers la société : « Messieurs, dit-il avec calme, si quelqu'un d'entre vous se trouve offensé, je suis à ses ordres. » Plusieurs voix à la fois, avec le plus réel fou rire, de s'écrier : « Non, non ! c'est bien fait ! cela lui apprendra ! » Pendant ce temps, l'infortuné Garrott était repêché par l'équipage d'une baleinière amarrée au vaisseau et remis tout mouillé dans sa cabine. Il ne paraissait plus ivre et ne donnait aucun signe de mécontentement de son étrange visite au Tage.

Pauvre homme ! je m'abstiendrai à l'avenir sur son compte, car je lui dois de la reconnaissance. Doué de la faculté de ne rien comprendre au sens de mes paroles, il me proclama, à tous venants, un interprète anglais très suffisant et se mit même à défendre ma réputation, presque démolie, sinon tout à fait perdue, à la suite d'un événement qui arriva sur ces entrefaites.

Un commissaire de marine anglais ayant eu besoin de quelques renseignements de l'amiral, vint à notre bureau ; mais, comme personne ne pouvait comprendre son français, on me l'adressa. Notre conversation, à la vérité, sembla peu l'éclairer ou, du moins, le satisfaire médiocrement, car il se mit à la fin à me dire en termes aimablement moqueurs : « Mon cher petit ami, je serais fort heureux si vous parliez français, je pourrais vous comprendre probablement bien mieux qu'avec votre anglais ! » Dans ma simplicité, je n'eus rien de plus pressé que de me vanter de ce compliment à mes amis qui, naturellement, retournèrent le sarcasme contre moi, ce qui ne contribua pas peu à refroidir la bonne opinion que j'avais de ma personne.

Peu après mon retour en France, je fus embarqué sur la frégate la *Pallas*, où je passai mes examens et fus nommé aspirant. Dans la nuit du 11 avril 1809, la flotte anglaise, qui nous bloquait, lança des brûlots contre nos vaisseaux à l'ancre. Quelques jours à peine après cet événement, j'eus la surprise de recevoir ma nomination de sous-lieutenant au 26ᵉ régiment d'infanterie, actuellement à Strasbourg pour se rendre en Allemagne. Mes instructions m'enjoignaient de rejoindre le régiment sans retard. Mon père, sans me consulter et pensant que l'avancement serait plus rapide dans l'armée que dans la marine, avait obtenu pour moi cette nomination. Mon régiment arriva à temps à l'île de

Lobau, pour prendre part à la bataille d'Essling, qui eut lieu le 22 mai et dans laquelle, pour baptème du feu, je reçus un éclat d'obus.

En parlant de ma première campagne, je m'abstiendrai pour deux raisons de décrire aucun des divers engagements. D'abord, parce que je n'ai assisté qu'à un petit nombre des multiples escarmouches d'alors ; ensuite, parce que je ne tiens pas à ressembler à ceux qui, par le seul fait de leur présence à une bataille, ont la prétention de raconter ladite affaire par le menu ; leur seule présence les empêche justement de pouvoir faire cette narration. Je ne veux, bien entendu, que parler des officiers subalternes : ceux-ci, d'ailleurs, peuvent parfaitement bien décrire les mouvements de leur propre régiment, le passage inopiné d'une batterie d'artillerie ou la charge isolée d'un corps de cavalerie, etc. Mais le bruit, les nuages de fumée, la nervosité que chacun éprouve en obéissant à des ordres dont il ne peut presque jamais comprendre le motif ; l'étendue du champ de bataille qui couvre parfois plusieurs lieues, comme à Wagram, par exemple, tout tend à empêcher le subalterne de remplir fidèlement le métier d'écrivain. Pour ma part, je déclare qu'après chaque engagement méritant le nom de bataille, je n'en ai connu les détails que deux ou trois jours après, par les bulletins du quartier général.

Au lieu de chercher à discuter des sujets hors de ma portée, je poursuivrai plus aisément l'objet de cette relation et j'obéirai à son titre, en racontant deux épisodes de cette courte campagne. Je préviens toutefois mes lecteurs que je n'ai pas été témoin desdits épisodes, mais qu'ils étaient le sujet général et indiscuté des conversations de l'armée, et que, pour certaines raisons, ces histoires n'ont point été publiées par les journaux. Après les batailles d'Eckmühl et de Ratisbonne, une magnifique avenue, conduisant à cette dernière ville, avait été complètement ruinée par le passage d'une armée de plus de deux cent mille hommes. L'Empereur donna des ordres pour qu'on la réparât et une compagnie d'infanterie fut postée aux deux extrémités avec la consigne formelle de ne laisser passer aucun cavalier. Le général Vandamme, aussi connu pour sa bravoure que pour l'extrême rudesse de ses façons, se présenta en personne, à cheval, à l'un des bouts. Il allait s'y engager, lorsque la sentinelle en faction — un tout jeune soldat — s'avança au-devant de lui et lui fit part de sa consigne. « Le général Vandamme passe partout ! s'écrie Vandamme, f... le camp. » La sentinelle insistant, le général lui donna un coup de cravache au travers du visage, la gourmandant de son impudence. Le jeune homme, tout interloqué, allait laisser faire, quand le chef de poste qui, se promenant, venait d'être témoin de la scène, courut à la sentinelle, lui arracha le fusil des mains, et, se mettant en garde devant le général, croisa la baïonnette, en disant : « Mon général, si vous faites un pas en avant, je vous tuerai comme un chien, pour avoir traité ce factionnaire ainsi que vous l'avez fait. » Vandamme, voyant à quel homme il avait cette fois affaire, crut prudent de se retirer, mais non sans se promettre de se venger du bouillant capitaine.

L'occasion ne se fit pas longtemps attendre. Nommé gouverneur de Ratisbonne, Vandamme, en visitant différents postes, reconnut dans l'un des officiers l'infortuné capitaine qui commandait à l'entrée de l'avenue et qui l'avait si vertement apostrophé. Il n'eut point l'air de remarquer son adversaire, cependant bien reconnu, et passa outre sans lui adresser un mot. Bientôt après, mettant à profit une de ces petites ruelles si communes à Ratisbonne, il reparut tout à coup devant le poste. Le factionnaire appela aussitôt à la garde, comme il est prescrit lorsque le général gouverneur passe. Le capitaine sortit immédiatement du poste avec la garde ; mais la seconde visite du général avait été si soudaine et si inopinée, qu'il s'écoula quelques minutes avant que les rangs pussent être formés et que, par conséquent, la troupe présentât les armes. Durant tout ce temps, le général qui avait attendu sans bouger que la troupe fût rassemblée, se laissa enfin aller à ses brutales habitudes et invectiva le malheureux capitaine dans les termes les plus violents, lui disant, entre autres aménités, qu'il était plus apte à conduire des cochons qu'à commander des soldats, etc. Une foule d'officiers avait été attirée là par cette scène qui, toute pénible qu'elle fût, n'avait pas réussi à exaspérer le capitaine toujours muet. Mais une fois relevé de garde, il se rendit auprès du maréchal Oudinot, chef d'état-major. Lui ayant raconté les incidents de l'affaire, il demanda l'autorisation de provoquer Vandamme. Le maréchal refusa en termes sévères de donner son consentement. Le capitaine — son nom, je crois m'en souvenir, était J..., d'un régiment d'infanterie légère — ne broncha pas, mais, sachant — ce qui n'était un secret pour personne dans l'armée — combien il était facile d'arriver jusqu'à Napoléon, prit sur-le-champ la résolution de recourir directement à S. M. Se dirigeant alors vers le pavillon de l'Empereur, il demanda et obtint une audience immédiate. Il raconta donc, dans leurs moindres détails, ses différentes rencontres avec Vandamme et termina en priant que la faveur sollicitée en vain d'Oudinot lui fût accordée. Napoléon, avec cette affabilité qui lui était habituelle vis-à-vis de ses inférieurs, lui dit : « Je sympathise, Monsieur, avec vos sentiments en cette occasion, mais vous devez comprendre que votre demande est impossible. Les commandants de corps doivent être réunis ici demain à midi, trouvez-vous-y à la même heure. J'aurai eu alors le temps de faire une sérieuse enquête, et si, comme je n'en doute pas, vos dires dans cette affaire sont en tout point conformes à la vérité, j'obligerai le général Vandamme à vous faire ses excuses. » Le capitaine, très exact à la réunion, se tint modestement, à cause de l'infériorité de son grade, derrière le cercle formé autour de l'Empereur. La conversation, comme d'usage en pareilles circonstances, roula sur des sujets de peu d'importance, et l'on allait se séparer quand le brave capitaine, se faufilant à travers les maréchaux et les généraux, arriva au milieu du cercle où, s'adressant avec le plus grand calme à l'Empereur, il lui dit : « Sire, vous vous êtes engagé d'honneur à ce que le général Vandamme, ici présent, me fît quelques excuses au sujet des insultes imméritées dont j'ai été victime. Je suis venu ici pour en recevoir. »

Napoléon, sans répondre au capitaine, se tourna vers Vandamme. « Général, prononça-t-il, j'ai fait une enquête sur toute cette fâcheuse affaire. Il en résulte que vous avez injurié sans motif plausible et de la façon la plus outrageuse un officier qui jouit dans son régiment de la plus parfaite honorabilité. Vous lui devez des excuses, aussi publiques que l'a été l'insulte, et je tiens à ce que vous les lui adressiez ici même. » « Sire, répondit Vandamme, je regrette que la colère m'ait emporté en m'adressant au capitaine J..., mais cet officier... » « Assez, exclame à son tour le capitaine; je suis content, Sire, je vous dois plus que la vie. Je remercie Votre Majesté. » Il n'en put dire davantage, l'émotion l'empêchant de parler. Après s'être incliné, il se retira. Je ne sais, quant à moi, ce que fut depuis sa carrière.

Il arrivait souvent que de soudaines acclamations de : « Vive l'Empereur! » se faisaient entendre parmi les feux de bivouac. Elles étaient causées par l'enthousiasme des soldats au récit de quelque trait de la vie de leur chef adoré. La première fois que j'eus l'occasion de les entendre, ce fut lors du récit si vivant de l'incident suivant par un sergent au milieu d'un grand nombre de soldats. Le sentiment absolu de la justice, la générosité de Napoléon à l'égard de ceux qui avaient bien servi, ou envers les familles des morts, son paternel intérêt pour les blessés dans les hôpitaux, la surveillance impitoyable sous laquelle il tenait les pourvoyeurs de l'armée, l'autorité absolue qu'il exerçait sans distinction sur les généraux les plus en vue, tout cela enthousiasmait nos soldats, leur revenant à l'esprit à propos de quelques récits concernant la vie de leur idole.

J'éprouve une certaine répugnance à retracer le second incident promis plus haut, parce qu'il touche à une carrière pour laquelle je continue à professer le plus grand respect, car je vais parler d'un officier français (il y a dans toutes les armées certains individus indignes de porter l'épaulette); mais je sais que la publicité, en démasquant et châtiant l'homme qui est déchu de son rang, est une leçon de morale publique qui ne saurait trop servir d'exemple.

Durant le séjour d'une partie de l'armée à Passau, au confluent de l'Inn et du Danube, un officier de l'artillerie de la Garde (je ne le nommerai pas) avait acquis la plus détestable célébrité par une quantité de duels dans lesquels il s'était toujours montré heureux. Son habileté au sabre et au pistolet, aussi bien que son insolence, étaient devenues proverbiales, et ses camarades l'avaient surnommé le *grand diable* (1). Un jour, au café des officiers, deux capitaines du 65e de ligne jouaient au billard. L'un d'eux ayant quitté la salle, son camarade attendait près de la table. A ce moment arriva le major avec deux amis. Il s'approche du billard, prend les boules et s'apprête à les remettre à la bonne place, quand revient le capitaine, qui s'interpose, disant poliment que le billard est pris, son ami et lui ayant une

____

(1) En français dans le texte.

partie engagée. « Je prétends, moi, s'écrie le major, que ce billard est libre, du moment que personne n'y joue. » Le capitaine lui répondit assez vivement. A la fin, le major plaçant devant lui l'une des billes, vociféra : « Je vous dis que ce billard m'appartient, et je voudrais bien savoir qui osera toucher cette bille. » Sans rien répondre, le capitaine saisit une queue, et froidement pousse devant lui la bille. Tout aussitôt, le major frappe violemment la face de son adversaire. Plusieurs officiers accoururent, désirant s'interposer. Mais le capitaine les devançant, s'adresse à peu près en ces termes à son adversaire : « Monsieur, vous m'avez mortellement insulté et vous m'en rendrez raison, mais à armes égales, car je ne vous donnerai point la satisfaction de me tuer, comme cela a eu lieu pour tant d'autres. J'ai dans la main quel·ques pièces de monnaie ; dites : pair ou impair. Si vous gagnez, vous me tuerez ; mais si vous perdez, je vous brûlerai certainement la cervelle, car l'un de nous ne doit pas sortir vivant de cette pièce. » Ce disant, il sortit de sa poche sa main fermée en criant : « Maintenant, parlez. » Sans paraître trop ému, le major prononça : « Pair. » Le capitaine ouvrit sa main sur le billard, et dit aux camarades du major : « Maintenant, Messieurs, comptez. » Il y avait sept napoléons étalés aux yeux de tous.

Le capitaine se tournant vers son *partner*, le pria à haute voix d'aller chez lui et de lui rapporter ses pistolets chargés. Ce dernier partit aussitôt et le capitaine ferma sur lui la porte, dont il mit la clé dans sa poche. Les spectateurs, une vingtaine environ, quittèrent en silence la pièce, attendant la suite de cette scène dramatique. A son retour, le messager présenta les pistolets à son ami. Ce dernier s'avança vers le major, braqua l'arme sur sa figure en prononçant ces mots : « Etes-vous prêt? » A ce moment, les deux camarades de l'artilleur voulurent intervenir, mais le capitaine s'y opposa vivement. Ceux-ci lui ayant fait observer que leur ami était trésorier de son régiment et qu'il avait des comptes importants à régler, on convint d'autoriser celui-ci à s'absenter une demi-heure, ses amis devant, pendant ce laps de temps, demeurer comme caution. Ainsi dit, ainsi fait. Profitant de l'occasion, les deux amis, renouvelant leur obligeant effort, dirent presque en riant : « Auriez-vous par hasard, capitaine, l'intention d'user de votre droit et de tuer notre camarade? » « C'est absolument ma volonté, répondit le capitaine.

Par considération pour vous, cependant, Messieurs, je laisserai
à mon adversaire une autre alternative, celle de se jeter par cette
fenêtre dans la rue ; s'il se refuse à cette chance, je le *trouerai*
certainement. »

Une demi-heure, une heure s'écoulèrent et le *grand diable* ne
revint pas. La seule nouvelle qu'on eut de lui fut que, le jour
même de cette affaire, on le vit passer au delà des avant-postes.
Voilà le point noir, mais je me hâte de dire que c'est le seul
exemple d'un officier français passant à l'ennemi, si toutefois
j'excepte l'infâme trahison de Bourmont, la veille de Water-
loo (1).

A peu près à la même époque eut lieu un incident comique
dont toute l'armée s'amusa. Je le raconterai comme preuve de
la confiance naïve et aveugle du soldat dans la parole de l'Empereur et également du pouvoir qu'il exerçait.

Nos troupes ayant commis quelques pillages dans le pays,
Napoléon fit afficher un ordre du jour infligeant aux auteurs de
pareils méfaits des peines sévères et, en même temps, promet-
tant que toutes les pertes occasionnées de la sorte, et dûment
constatées, seraient remboursées par l'intendant général de
l'armée.

Une compagnie de marche avait été cantonnée pendant la nuit
dans une grande auberge, située près des faubourgs de l'ancienne ville de Donawerth, sur le Danube : les hommes riaient
de ce qu'on leur avait assigné pour dortoir un immense grenier
rempli de paille, ainsi que de divers autres fourrages. Pendant
la nuit, l'attention du capitaine fut attirée par une bruyante

---

(1) Une désertion célèbre, ignorée de notre auteur, eut lieu en mai 1810, au
camp de Boulogne. C'est celle du général Sarrazin. Cet officier rentra en France
lors de l'avènement des Bourbons, mais fut condamné à mort quelque temps
après pour crime de bigamie, puis gracié. Voici en quels termes, dans ses Mémoires
(*Mémoires de Jean-Louis Rieu*, ancien premier syndic de Genève ; Genève et Bâle,
H. Georg, in-12, 1870), un jeune officier d'artillerie de marine, témoin oculaire,
raconte l'évasion en question :

« Le camp de gauche, et par conséquent celui où se trouvait ma compagnie,
était sous les ordres d'un général de brigade. Cet officier, homme d'esprit et très
intrigant, avait espéré que le passage de l'Empereur serait pour lui une occasion
d'avancement ; il fut déçu dans ses espérances, et en conçut une telle irritation,
qu'un beau matin il força, le pistolet sur la gorge, des pêcheurs à le conduire à
un brick anglais qui était en croisière devant Boulogne. Cette désertion fit que,
par mesure de précaution, on changea de poste les troupes de la côte, et que ma
compagnie fut rappelée à Boulogne. »

altercation venant du grenier. Il s'y rendit de suite, à temps pour entendre une fin de conversation, à peu près semblable à celle-ci : « Oh ! Monsieur le soldat ! au nom de tous les saints ! s'écriait en mauvais français et de la voix la plus larmoyante l'aubergiste, je vous prie humblement de ne pas fumer là ; vous pourriez mettre le feu à ma pauvre maison et, pis encore, brûler la ville même de Donawerth ! » « Bien ! beuglait le soldat, qu'est-ce que cela fait, vieil imbécile ? N'as-tu pas lu l'ordre de l'Empereur, d'aujourd'hui même, que l'on a placardé sur tous les murs de la ville ? Eh bien ! si je te la brûle, on te la paiera, ta vieille ville. »

Napoléon, en public, croyait de son devoir de paraître sévère et de l'être ; mais, avec ses amis, tels que Cambacérès, Murat, Caulaincourt, Duroc et Savary, il se laissait aller à son affabilité naturelle et même, parfois, se livrait à toutes sortes de plaisanteries.

Après la bataille de Wagram, l'Empereur revint en France. Une foule énorme l'attendait sur le pont du Rhin, ainsi qu'une députation, à la tête de laquelle se trouvait M. de Pontécoulant, préfet du département du Bas-Rhin et l'un des plus éminents fonctionnaires civils du temps.

Le préfet avait soigneusement préparé un discours approprié à la circonstance ; mais l'émotion du moment, le déploiement de l'appareil militaire, la présence d'un état-major, peut-être même le sentiment indéfinissable que chacun éprouvait à la vue de l'Empereur, sentiment dont j'ai moi-même fait l'expérience et que presque toute la France partageait à cette époque, tout cela produisit un tel effet sur M. de Pontécoulant, qu'il oublia soudainement et complètement son discours. Pourtant, conservant l'espoir, une fois la glace rompue, de recouvrer sa perfide mémoire, il débita, d'une voix chevrotante : « Sire, vos fidèles sujets de Strasbourg sont si heureux que... que, Sire, vos fidèles sujets sont si heureux que... » « Oh ! oui, s'écria l'Empereur en serrant cordialement la main de l'infortuné préfet, mon ami, M. de Pontécoulant, et les aimables habitants de Strasbourg sont si heureux de me voir qu'ils ne peuvent exprimer leur joie ! »

Une fois, Savary, préfet de police, prévint l'Empereur qu'un individu avait fréquemment sollicité une audience. Étant inconnu, on lui avait refusé l'entrée ; mais, ce jour-là même, il était assis sur l'escalier des Tuileries. L'Empereur désira le voir et Savary le lui présenta. Napoléon lui demanda l'objet de sa démarche. « Sire, répondit l'homme, la communication que j'ai à vous faire est telle, que je ne puis en instruire Votre Majesté que sans témoins. » L'Empereur ordonna à Savary de se retirer et cessa d'écrire. Quelques minutes s'écoulèrent et l'étranger garda le silence; de telle sorte que Napoléon s'écria, non sans colère : « Eh bien ! pourquoi ne parlez-vous pas ? » « Sire, dit l'homme, comme je vous l'ai dit une première fois, je ne puis parler que devant Votre Majesté seule. » L'Empereur s'étant retourné, vit Savary continuer à se tenir près de la porte. Il lui réitéra l'ordre de se retirer. Savary répliqua aussitôt : « Je n'en ferai rien, Sire : cet individu a une mauvaise figure et, en outre, d'après ce que j'ai pu apprendre de lui, il est, je crois, Corse; j'ai mauvaise opinion de lui. » « Ah ! par exemple, dit l'Empereur en souriant, il est Corse, et moi aussi. » L'étranger demeura fort longtemps avec Napoléon. On n'a jamais pu découvrir quel homme c'était, ni en quoi consistait sa mission. Savary rapporte cet incident dans ses *Mémoires,* mais le *Mémorial de Sainte-Hélène* n'en fait aucune mention.

La campagne ayant pris fin, nous parcourûmes à petites journées la plus grande partie de l'Allemagne et de la France. A Dusseldorf, nous franchîmes le Rhin et arrivâmes à Bayonne sans nous arrêter un seul jour. Dans cette dernière ville, nous demeurâmes quatre jours. Des armes neuves nous furent livrées, notre équipement fut renouvelé et, enfin, notre régiment, qui avait laissé quatre cents hommes en Allemagne, reçut des recrues. Nous entrâmes le 6 octobre 1809 en Espagne, englobés dans le corps d'armée du maréchal Ney.

Lors de notre passage en France, quel contraste y attendait ceux qui avaient déjà été dans la Péninsule ! A la choucroute, aux nouilles et à la bière blonde, dont nous nous étions régalés en Bavière, et même en Autriche, avait succédé la ration ordinaire de ce misérable pain, appelé pain de munition, fabriqué par moitié de seigle et de blé, le tout assaisonné d'autant d'eau fraîche qu'un homme en peut avaler. Malgré tout, nous nous trouvions sur la terre natale, et les braves habitants, quoique très obérés par le passage incessant de nombreuses armées, faisaient l'impossible pour témoigner de leur sympathie envers ceux qui s'étaient battus partout pour la mère patrie. Ici, en

Espagne, comme nourriture, du pain dur, épais, composé de maïs avec une faible proportion de blé, des garvanzos (1), des tomates, des piments, une rare distribution de chèvres n'ayant que la peau sur les os, accompagnées d'une minuscule adjonction d'un vin passable, mais si parfumé du goût et de l'odeur de la peau de chèvre, dans laquelle on l'avait transporté, qu'au début les hommes pouvaient à peine y toucher. Voilà quel fut notre lot dans ce pays, heureux encore si ce modeste ordinaire avait toujours été assuré. Le climat nous procura un autre désappointement. Je n'avais, comme la plupart de mes camarades, encore vu l'Espagne que durant l'été, et nous nous figurions la contrée chaude, il est vrai, mais saine, grâce à la pureté ordinaire de son atmosphère, à ses effluves balsamiques et à sa fertilité. La guerre, à cette époque, il faut s'en souvenir, n'avait pas encore dévasté le pays où nous nous trouvions. On nous regardait généralement comme des amis et nous avions quitté l'Espagne dans une disposition d'esprit capable de nous faire voir couleur de rose tout ce qui s'y rapportait. Nous ne tardâmes pas à remarquer un étrange contraste entre la réalité et ce que nous nous étions plu à nous figurer.

Sous certains rapports, cependant, nos hommes n'éprouvèrent aucune déception, par exemple, quant à la langue du pays. Cette dernière a tant d'analogie avec la nôtre, qu'ils en saisissaient au moins le sens, s'ils ne la comprenaient pas entièrement. Leur intelligence les aidait du reste, de même que les gestes significatifs qui accompagnaient toujours chaque mot.

L'aménité est le propre du caractère espagnol. La longue occupation de l'Espagne par les Maures, jointe aux manières innées que l'habitant tenait de ses gothiques ancêtres, qui furent la race la plus civilisée du globe, ainsi que l'aveugle soumission du peuple pour la double tyrannie de la noblesse et du clergé, avaient marqué la classe moyenne, aussi bien que les paysans et les ouvriers, d'un air de soumission qui n'était en rien un signe de basse servilité, mais, au contraire, de respect et de réserve. En effet, dans leur conduite vis-à-vis de leurs supérieurs, j'ai souvent remarqué chez eux une certaine hauteur qui décelait une noblesse originelle qu'ils devaient tenir des Maures.

____

(1) Pois chiches, mets fort estimé en Espagne.

La température ne tarda pas à autoriser les nouveaux venus à accuser d'optimisme ceux d'entre nous qui leur avaient fait du climat une peinture si pittoresque. Engagés dans les défilés de Guadarrama, il nous arriva d'être envahis par une furieuse tempête de neige, et cela fort subitement, avant que nous fussions entièrement préparés pour la saison d'hiver. Ma compagnie se trouvait cantonnée dans un petit village dont je ne puis oublier le nom, car j'y éprouvai le froid le plus vif qu'il m'ait été donné de supporter. C'était à Villalba, à très petite distance du fameux château de Saint-Ildefonse et de la Granza (la Grange), résidence favorite de plusieurs rois d'Espagne.

Quoiqu'il n'entre pas dans le cadre de ce récit de faire des descriptions topographiques, je ne puis cependant passer outre sans donner une courte description d'un monument qui m'a paru surprenant en tant que travail humain et qui, dans son genre, équivaut à ces créations de la puissance divine, les chutes du Niagara ou les cimes neigeuses du mont Blanc. Je veux parler de l'aqueduc qui, après un cours de dix milles à travers monts et vallées, amène l'eau à Saint-Ildefonse et à Ségovie. Ce travail, unique par sa grandeur, a été attribué à Trajan, mais les habitants n'ajoutent à cette origine qu'une foi médiocre et prétendent même assez généralement que l'aqueduc a toujours existé et n'est point dû à la main des hommes. Imaginez-vous une construction composée de deux canaux en pierre superposés à un intervalle de près de deux pieds et construits, durant ce parcours de dix milles, avec des blocs de granit énormes, si bien unis les uns aux autres que, sans le moindre ciment, pas une goutte d'eau ne s'échappe. Vous pouvez donc concevoir ce qu'est l'aqueduc de Ségovie.

De la Vieille-Castille nous nous rendîmes dans l'Estramadure, en passant par Madrid et la Nouvelle-Castille. Il ne nous y arriva rien qui mérite de figurer dans ce récit. Je ne puis cependant pas passer sous silence une observation qui nous a tous frappés et qui, si elle est vraie, se trouve particulière à l'Espagne, en contradiction avec les autres nations. En France, en Allemagne, en Angleterre, vous pouvez reconnaître les habitants de certaines provinces à l'accent ou à un patois spécial, mais les grands traits décèlent toujours du français, de l'allemand ou de l'anglais. En Espagne, on peut remarquer de notables différences, quoique pas encore cependant aussi sensibles dans la langue que dans les manières, la façon d'être et les coutumes. A la vivacité et à l'adresse, au caractère plein d'entrain des Aragonais, à l'orgueil affecté des Madrilènes et à la misère inouïe des campagnes de la Vieille-Castille, succédaient en Estramadure une apathie tout à fait extraordinaire, une noblesse de port qui peut être attribuée moins à la constitution physique qu'à l'isolement de cette province, isolement causé par le manque de routes et autres moyens de communications avec les pays étrangers ou même avec les provinces voisines. Somme toute, le peuple est un peu fier; cette qualité, comme je l'ai dit plus haut, lui vient des Maures, ses ancêtres. Malgré l'état de misère auquel ils semblent faits, ils font d'excellents soldats. L'Estramadure fournit à l'armée espagnole ses meilleurs cavaliers.

J'assistai, à Truxillo, à un spectacle cher à tout Espagnol : je parle des combats de taureaux. J'éprouvai une désillusion dans mon attente : elle fut causée par ce que j'avais entendu et lu. Je ne vis là que des taureaux affolés, blessés et tailladés par de maladroits matadors, et deux misérables chevau percés par les cornes des taureaux.

A Mérida, où nous fûmes cantonnés, nous trouvâmes une ville peu peuplée, mais assez étendue et riche de grands souvenirs d'ancienne splendeur. Les Romains y ont laissé de nombreux monuments rappelant le temps de leur occupation.

Notre corps d'armée retourna, par le nord, vers la province de Léon. Des incidents rendirent plus dur le service, qui me parut le plus rude que j'eusse encore vu. Notre quartier général était à Salamanque. Durant mon séjour dans cette ville, je fus chargé d'escorter, avec ma section, un faible convoi à destination de Toro. Dans ce dernier endroit, la garnison étant insuffisante pour résister aux nombreux guérillas des environs, j'y fus retenu bon gré mal gré par le gouverneur et employé tout le mois de janvier à chasser les bandes ennemies, et cela presque toujours avec un succès médiocre, grâce à l'agilité de celles-ci et à leur connaissance approfondie de la contrée. Il ne pouvait être question d'engagements réguliers. Mais, de-ci de-là, au milieu des haies et d'autres clôtures, nous étions tout à coup assaillis par une volée de mousqueterie. Notre seule consolation consistait alors à voir courir à fond de train une douzaine d'individus, par des chemins où il eut été absurde de les suivre. Je perdis quatre hommes dans une de ces embuscades.

A mon retour à Salamanque, je trouvai mon régiment parti pour prendre part au siège de Ciudad-Rodrigo. Le général Thiébault, chef d'état-major, me retint encore et toujours en vertu de raisons analogues à celles qui avaient causé ma détention à Toro. La seule différence fut qu'à la poursuite des guérillas et qu'au lieu de protéger les communications sur la route de Toro à Valladolid, vint s'ajouter le service de lever des contributions en vivres et en fourrages à travers un district de plusieurs lieues d'étendue, et les instructions m'enjoignaient de délivrer aux habitants réquisitionnés un reçu, sorte de traite sur l'intendant de l'armée; mais je ne saurais affirmer que ces traites aient été ponctuellement payées. Ces fonctions furent les plus agréables que j'aie jamais remplies à l'armée. Tout d'abord, investi d'un service spécial, j'étais commandant en chef de mon détachement. J'avais à obéir à ses ordres pour l'expédition, mais il m'était accordé absolue carte blanche pour les détails. De plus, tous les hommes sortis des hôpitaux avaient doublé l'effectif de mon détachement. Je reçus également tout l'équipement dont j'avais besoin. Quant aux vivres, nous nous en occupions dans les villages où nous allions sans y passer toutefois la nuit, dans la crainte d'une surprise de la part des guérillas, nous contentant de camper invariablement en dehors. Nos hommes n'avaient pas d'argent et les guérillas, sachant qu'il n'y avait rien à en tirer, sauf le contenu des cartouchières, et cela d'une façon peu agréable, nous attaquèrent fort rarement. Je m'inquiète ici de la surprise éprouvée par le lecteur à voir confier un service aussi indépendant que je viens de le décrire aux mains d'un jeune officier de mon âge. La chose sera comprise une fois pour toutes par ceux qui connaissaient à cette époque l'armée française, quand j'aurai donné quelques explications.

En Angleterre, à quelque exception près, le grade d'officier est acheté à l'enchère : après, on peut permuter d'un corps à l'autre avec peu ou point de difficulté. En Allemagne, les fils de nobles ou des gens haut placés jouissent seuls du privilège d'entrer comme officiers dans l'armée ou, du moins, cela se passait encore ainsi à l'époque où j'écrivais ce récit. En France, le système suivi était tout différent. Les simples soldats, que leur

bonne conduite ou leur aptitude appelaient à cette distinction,
étaient présentés par le conseil d'administration de leurs propres
régiments, puis soumis à l'approbation du ministre de la Guerre
et, enfin, nommés par l'Empereur sous-lieutenants — grade
correspondant au titre d'enseigne en Angleterre et à celui de
deuxième lieutenant aux Etats-Unis. Un petit nombre d'aspi-
rants passèrent de la marine dans l'armée de terre avec leur
grade. Mais la plupart de nos sous-lieutenants sortaient de l'Ecole
militaire de Fontainebleau et, plus tard, de celle de Saint-Cyr.
A l'époque de ce récit, l'instruction en France était fort peu répandue, sauf toutefois dans les villes où les bons collèges étaient
suffisamment fréquentés. Par contre, dans les campagnes, four-
nissant à elles seules les neuf dixièmes des conscrits, l'intelligence naturelle des habitants tenait absolument lieu d'éducation
littéraire. Ainsi, quelque extraordinaire que cela puisse paraître,
dans une compagnie de cent vingt et un hommes, j'avais
compté, à part les sergents et les caporaux, seulement huit
hommes sachant lire et écrire. De cet étrange état d'ignorance
découle un fait curieux, particulier, je pense, à l'armée française et offrant d'intéressantes conséquences. Les jeunes soldats,
en quittant leurs foyers, avaient laissé des instructions dernières
pour que les nouvelles leur fussent adressées, sous forme de
lettres écrites, par le curé ou le maître d'école de leurs villages.
Lesdites lettres, arrivées au régiment, avaient à être lues et
réclamaient réponse. Mais, qui charger de la besogne? Parfois,
elles contenaient des renseignements ou risibles ou susceptibles
de faire rougir les joues du récipiendaire. Communiquer de
pareilles correspondances à ceux de leurs camarades familiarisés
avec l'alphabet les eût exposés aux rires et, peut-être, à la mo-
querie des autres soldats. Avoir recours aux officiers subalternes,
ou même aux capitaines, eût été un saut trop grand entre les
grades. Il restait une ressource : les sous-lieutenants. Ceux-ci
étaient à peu près du même âge que les conscrits et leur situation suffisamment supérieure pour que la crainte de toute indis-
crétion put être écartée parmi les hommes. Nous vîmes donc
le sous-lieutenant et, quelquefois, le premier lieutenant de
chaque compagnie devenir l'écrivain et, partant, le confident
intime de la majeure partie de ses subordonnés. C'est ainsi que,
à peine âgé de vingt ans, je connus la vie privée et les affaires

de famille de plus de cinquante de mes soldats, que j'avais écrit pour eux plusieurs testaments ou pouvoirs à leurs parents, ou vœux d'éternel amour à leurs dulcinées. On peut juger les conséquences de cette manière d'être. Les jeunes officiers finirent par s'intéresser à tout ce qui concernait leurs hommes : ces derniers ne pouvaient, de leur côté, trouver assez d'occasions de manifester leur profond attachement à leurs jeunes protecteurs. Maintes fois, un officier subalterne avait été abandonné, pendant quelque temps, blessé sur le champ de bataille, parce que le sous-lieutenant devait être retiré le premier hors du feu. Par temps de disette, — et la chose n'était pas rare, j'ai eu l'occasion de le dire, — j'eus souvent le bonheur de partager, avec mon capitaine ou avec le major du bataillon, du pain, du tabac, des œufs, de la viande, de la volaille, du lapin, du vin, etc., résultat de quelques maraudes heureuses de la compagnie. Les remarquables progrès de l'instruction, durant ces cinquante dernières années, me font supposer que l'effet a disparu avec la cause et que le système en question a dû prendre fin.

Un événement survenu en juin 1810 et qui constitue un fait remarquable de ma vie militaire peut difficilement être omis dans les souvenirs de mon ancienne carrière.

Une bande de guérillas, commandée par Don Julian Sanchez, opérant dans l'ouest, n'avait pas sa pareille en Espagne, sauf celle du nord, placée sous les ordres du célèbre Mina. Don Julian avait pour lieutenant le plus dévoué un jeune homme qui, pour un motif de vengeance particulière, avait abandonné son ancien métier d'avocat pour former un corps de guérillas habillé avec des uniformes français. On prétendait qu'il avait juré de mettre à mort tout ennemi qui lui tomberait sous la main.

J'arrivai un soir à Salamanque avec un convoi de vivres, très fatigué, après une longue marche sous un soleil brûlant. Mon rapport fait, je retournai au couvent dont le réfectoire avait toujours été affecté à mon détachement. Voyant mes hommes dormant à poings fermés sur la paille, je m'étendis moi-même avec la douce perspective de passer une bonne nuit. Vers onze heures, ma sentinelle me réveilla pour me communiquer l'ordre de me rendre sur-le-champ au quartier général, situé sur la grande place. Il me serait très difficile de décrire la bonne grâce avec laquelle j'obtempérai à ce maudit ordre qui venait me priver de

mon repos. Je devais obéir et je partis. Le général Thiébault
était en train d'écrire à son bureau lorsque j'entrai. Ses premières paroles furent : « Combien d'hommes avez-vous maintenant? » « Quatre-vingt-huit, mon général. » « C'est bien,
continua-t-il, vous allez partir de suite avec tout votre détachement, et vous irez, sans vous arrêter, jusqu'au village de Los
Pavones. » « Mon général, m'écriai-je sans pouvoir m'en empêcher, Los Pavones est distant de onze lieues d'Espagne (environ quarante milles anglais); mes hommes sont éreintés par
une marche de dix jours à travers les montagnes, et..... »
« Assez, exclama avec force le général, Don Aguilar est malade
au presbytère de Los Pavones; l'homme que vous voyez assis
dans ce coin est un espion qui nous a rendu de bons services et
il se charge de vous conduire à la maison même. »

Le général n'avait pas besoin d'en dire davantage. Le nom
seul d'Aguilar fit remuer dans tout mon être une corde qui eût
vibrée dans le cœur de l'officier le plus apathique de l'armée.
J'acceptai immédiatement la mission et reçus quelques instructions complémentaires. Songeant alors qu'il ne me serait pas
possible d'arriver à destination en moins de dix heures et que,
d'un autre côté, c'eût été une cause d'insuccès que de chercher
à capturer de jour le personnage, je pris sur moi de laisser dor-
mir mes hommes quelques heures de plus. Je partis donc à deux
heures, accompagné d'une faible escorte. Le lendemain, à quatre heures de l'après-midi, nous étions à moins de deux lieues
de Los Pavones. Je fis entrer mon détachement dans un grand
vignoble à côté de la route, le fis coucher, recommandant ex-
pressément de ne point lever la tête. Grâce à cet ordre fort goûté
de mes hommes, ceux-ci ne tardèrent pas à s'endormir profon-
dément.

Au crépuscule, par une petite pluie, nous repartîmes et arrivâmes au terme de notre voyage entre dix et onze heures. L'espion nous conduisit sans incident à la porte du presbytère. Lais-
sant le sergent pour surveiller le dehors, j'allai avec une partie
de mes hommes poser des sentinelles dans le jardin qui entou-
rait la maison. Durant ma courte absence, une bonne arriva
avec un broc d'eau qu'elle se préparait sans doute à vider dans
la rue. Mon sergent eut la présence d'esprit de mettre ses bras
autour du visage de la jeune fille, mouvement qui empêcha

celle-ci de proférer le moindre cri. Je revins sur ces entrefaites et, trouvant la porte entr'ouverte, j'entrai, suivi d'une douzaine de troupiers. Dans le vestibule, je découvris une lumière filtrant d'un appartement, dont la porte était grande ouverte. Je m'élançai dans cette direction, saisissant d'une main un pistolet de poche, cadeau de mon frère, qui ne me quittait jamais dans aucune de mes expéditions. Me doutant que je touchais au moment décisif de l'aventure, j'entrai immédiatement dans la chambre où pourtant j'aperçus, non pas Aguilar, mais un vénérable vieillard assis sur son lit et lisant à la lueur d'une lampe. A ma vue et à celle de mes hommes, il poussa une exclamation de terreur que je ne fus pas long à étouffer. Dès qu'il se fut remis, il m'apprit qu'Aguilar était bien dans la maison, où il avait été contraint de l'accueillir; que ce chef se trouvait actuellement dans un appartement au bout du vestibule et était à l'article de la mort, autant qu'il en pouvait juger. Nous nous précipitâmes aussitôt vers la pièce indiquée dont nous trouvâmes la porte fermée à l'intérieur. Mais trois ou quatre vigoureux soldats eurent vite raison de cet obstacle. A l'instant même, il y eut un grand remue-ménage dans la pièce et nous entendîmes retentir dehors deux coups de feu. Nous nous précipitâmes et aperçûmes, à la lueur d'une nuit de juin, un lit à droite sur lequel nous nous jetâmes en criant qu'on nous apportât une lumière. Rien ne remuait sous moi, mais une main me saisit violemment par les cheveux et j'éprouvai la plus vive douleur. A la fin, on apporta la lumière, grâce à laquelle nous pûmes contempler le curieux spectacle de six hommes couchés sur un corps sans mouvement, tandis qu'un de ces mêmes hommes, moi-même en personne, était saisi sans pitié aux cheveux et à la gorge par les mains de..... mon propre sergent.

Aguilar ne s'était pas évanoui, quoique sous l'influence d'une fièvre ardente, mais, pris par surprise, il ne put faire absolument aucun mouvement. Le bruit que nous avions entendu provenait d'une fenêtre brusquement ouverte et les deux coups de feu avaient été tirés par mes hommes. Un des guérillas qui veillaient Aguilar fut tué sur le seuil, l'autre parvint à s'échapper. Deux pistolets chargés se trouvaient sur la table de milieu de la chambre, ainsi que deux carabines provenant de dragons français.

Nous trouvâmes à l'écurie une paire d'excellents chevaux

bien harnachés. Après avoir régalé mes hommes de tout ce que pouvait contenir la maison et nous être reposés plusieurs heures, nous garrottâmes Aguilar, le plaçâmes sur une sorte de carriole appartenant au curé et forçâmes ce dernier à nous suivre monté sur une mule. Tout cela ne se fit pas sans provoquer les plus piteuses lamentations chez le pauvre bonhomme, car, suivant un ordre du jour auquel on avait donné toute la publicité possible, tout individu convaincu d'avoir accordé asile à un guérilla était puni de mort. Je l'assurai avoir l'espoir qu'il s'en tirerait sans aucune pénalité, mais que j'avais reçu des ordres formels de le ramener. Durant notre marche, aucun incident ne survint; nous pûmes donc atteindre Salamanque le lendemain soir vers huit heures. J'avais enfourché un des chevaux de prise, et, pendant la marche, j'employai toute mon éloquence espagnole à jeter un peu de baume dans le cœur de mon malheureux prisonnier, l'assurant que le pire qui pourrait lui arriver était d'être envoyé en France comme prisonnier de guerre, où le meilleur traitement l'attendait. Mais tous mes encouragements furent vains; ou Aguilar ne me comprenait pas, ou il dédaignait de répondre, se contentant d'observer un silence obstiné et sombre, refusant de prendre aucun aliment, sauf deux verres de limonade.

Quand le général Thiébault vint voir les prisonniers, il me demanda le curé. Je le lui montrai assis tout tremblant sur sa mule, à la gauche du détachement, et m'empressai d'ajouter que j'étais certain que le vieillard avait agi par force et que, d'un autre côté, je lui avais donné ma parole qu'il serait remis en liberté dès son arrivée. « Vous avez eu complètement tort de faire une telle promesse, » fut la réponse; « mais il fait bientôt nuit, renvoyez-le tranquillement. Je ne veux pas le voir. » Le pauvre curé ne demanda pas beaucoup d'explications, il témoigna sa satisfaction en labourant les flancs de sa mule de vigoureux coups de talon et disparut bientôt après.

Deux jours plus tard, mon infortuné prisonnier passa devant une cour martiale, fut convaincu, au dire même de quelques-uns de ses compatriotes, de crimes commis sur la personne de soldats et pendu au milieu de la grande place de Salamanque. On dut le porter à moitié mort sur le lieu de l'exécution. Je n'ai pas vu et n'ai pu voir la dernière scène, quoique j'eusse assisté au procès.

Peu après, je fus autorisé à rejoindre mon régiment, à Ciudad-Rodrigo, et de là au court siège d'Alméida. L'armée, qui prit alors le titre d'armée de Portugal, était sous le commandement du maréchal Masséna, prince d'Essling. Elle comptait cinquante-quatre mille hommes et avait pour chefs des officiers tels que Ney, Junot, Loison, Reille et autres militaires distingués.

Alméida se rendit après l'explosion de son magasin principal. Un engagement indécis eut lieu tout à côté; dès lors, l'armée anglaise opéra sa retraite vers Lisbonne. Nous la poussâmes après avoir eu soin de donner à chaque homme cinq jours de vivres, car lord Wellington, dans une proclamation aux Portugais, les engageait à suivre son armée, en emportant tout ce qu'ils pourraient, et à brûler et à détruire le reste derrière eux. Les habitants se conformèrent assez généralement à cet ordre qui devait servir deux ans plus tard d'exemple aux Russes à Moscou.

Nous avions désormais devant nous une route de deux cents milles, à travers une contrée montagneuse généralement abandonnée par les habitants et à peu près dépourvue de vivres. La troupe, surchargée de ses accoutrements, de ses armes, de ses soixante paquets de cartouches, ne fut pas longue à se défaire de ses provisions de bouche, dont la rareté se fit sentir dès notre arrivée à Guarda. L'ennemi continua sa retraite, ne s'arrêtant nulle part, sauf à Busaco le 27 septembre 1810. Le 6ᵉ corps, dont mon régiment faisait partie, se trouva être en avance de dix milles sur le 4ᵉ, où se trouvait le commandant en chef, et de deux milles sur le 2ᵉ corps, placé sous les ordres du général Reille. L'ennemi avait dû être renseigné sur nos malencontreuses dispositions militaires, car, au lieu de continuer sa retraite, il était resté à Busaco. En effet, à peine arrivés, nous aperçûmes tout d'abord une batterie de huit pièces établie sur une hauteur dominant le village. Le maréchal Ney qui commandait notre corps vint reconnaître la position et, avec son impétuosité ordinaire, conduisit notre régiment au village que les Anglais abandonnèrent bientôt après. Puis il nous envoya avec le général Simon détruire la batterie. Au début, nous ne rencontrâmes pas une trop sérieuse résistance, mais, tout à coup, des trois côtés de la colline, débouchèrent des masses d'infanterie, dont le nombre devait suffire pour anéantir notre pauvre 26ᵉ. En moins de temps que je n'en emploie pour le décrire, la tournure des événements empira considérablement. Le général Simon fut jeté à bas de son cheval, une balle au cou, et laissé pour mort sur place (1). Notre colonel (Barère, frère du fameux jacobin) fut tué, ainsi que trois de nos majors, huit capitaines, quatre lieutenants (2) et environ quatre cents hommes. Une panique s'ensuivit parmi nous et, contrairement à ces héros qui se vantent de n'avoir jamais tourné le dos à l'ennemi, je dois avouer que, sur l'ordre de retraite donné par le seul de nos majors restant (plus tard notre excellent colonel Ferry) (3), nous n'attendîmes pas un second commandement de « pas accéléré » pour prouver notre aptitude à monter et à descendre la colline. Je dois confesser, pour ma part, que je n'ai jamais mieux apprécié l'à-propos de cette parole de Napoléon : « L'art de la guerre est dans les jambes autant que dans la tête. » Notre drapeau fut sauvé. Il y eut une énorme promotion au régiment, maintenant bien réduit, de sorte que nous acceptâmes notre déconfiture avec assez de philosophie (4), tout en faisant d'amères réflexions sur la façon folle avec laquelle le maréchal Ney avait sacrifié notre régiment. Sa conduite insensée mit le prince d'Essling dans une profonde colère, et la froideur qu'on supposait exister depuis quelque temps entre les deux officiers généraux devint bientôt évidente pour chacun de nous.

La marche au sud des deux armées continua sans rencontre

---

(1) Le général Simon survécut à sa blessure et fut envoyé en Angleterre, comme prisonnier de guerre.

(2) Les témoins oculaires d'un combat sont généralement portés à exagérer les chiffres des morts et des blessés. D'autre part, les comptes rendus officiels ont une tendance tout opposée : ils diminuent volontiers et à dessein ce chiffre.

Nous nous contenterons donc d'offrir, à côté des pertes évaluées par l'auteur de cet écrit, les renseignements officiels fournis par le capitaine E. Delhauve, dans son *Historique du 26° régiment d'infanterie* (Paris, Berger-Levrault et Cᵉ, in-8°, 1889), renseignements empruntés à des sources administratives.

Nous ne nous trouvons plus en présence ici que de onze officiers tués et huit blessés.

(3) L'*Historique* donne le nom de Fabry, comme successeur du colonel Barère. Ferry est donc le résultat d'une erreur, soit typographique, soit due à une lacune dans la mémoire de M. Doisy de Villargennes. Fabry (Pierre-Etienne), né le 18 août 1760, à Versailles, fut nommé le 8 décembre 1810 colonel du 26ᵉ régiment de ligne, poste qu'il conserva jusqu'au 17 novembre 1811. Retraité le 25 novembre 1812, il mourut à Versailles, le 7 janvier 1830.

(4) Mérimée, dans une de ses meilleures nouvelles, intitulée : *l'Enlèvement de la redoute*, a donné une merveilleuse analyse de l'état psychologique de soldats dans une situation les mettant à la fois en présence de la mort de camarades et d'espérances d'avancement résultant fatalement des pertes éprouvées.

sérieuse jusqu'à la forte position de Torrès-Vedras, où l'ennemi
s'arrêta. Masséna fut si surpris de la force naturelle des hauteurs,
qu'il consacra quatre jours à en étudier soigneusement les appro-
ches et qu'il finit par conclure à l'inutilité de les enlever de vive
force. Pendant ce temps, Wellington profitant de notre hésitation,
trouva une flotte à Lisbonne, ainsi qu'une nombreuse et puissante
artillerie qu'il utilisa pour couvrir tous les points faibles, de
sorte qu'il rendit ses lignes absolument imprenables. A notre
arrivée, le maréchal Ney, qui avait été fortement d'avis d'atta-
quer de suite, eut le tort de blâmer publiquement les lenteurs
inopportunes de son supérieur et ne se cacha pas non plus pour
dire que ce dernier n'était plus le Masséna de 1796, ajoutant que,
par une prompte attaque de notre part, nous aurions pu assez
facilement anéantir l'armée anglaise. Ney avait raison sans doute,
mais il eut le tort de s'exprimer avec rancune et avec si peu de
réserve, que ses propres paroles furent répétées et que cela ne fit
qu'accroître la rupture malheureuse entre les maréchaux, ce qui
contribua indirectement à l'issue fâcheuse de la campagne.

Des camps retranchés furent bientôt établis dans différentes
positions. Celui de notre brigade se trouvait sur la route de
Santarem. La saison des pluies était commencée. Nous n'avions
aucune provision et il était impossible de communiquer avec
l'Espagne ; les vivres, le fourrage, l'équipement, toutes les
nécessités de la vie, sans compter les munitions, étaient de la
plus grande rareté et, pour parer aux privations, l'armée fut
bientôt réduite à la nécessité de marauder. La maraude fut organisée à l'aide de détachements de chaque régiment envoyés dans
les parties du pays que n'occupait aucun des belligérants. De
telles expéditions, toutes nécessaires qu'elles fussent, ne tardèrent point à devenir inutiles et relâchèrent la discipline. Des
détachements commandés par des commandants de compagnie
revinrent souvent avec fort peu de provisions et, dans trois ou
quatre circonstances, sans leurs chefs, assassinés, au dire des
hommes, par les paysans. Il y eut des ordres sévères. On fit
quelques exemples pour arriver, somme toute, à des résultats
médiocres. Finalement, à l'instigation, assurait-on, du général
Loison, la direction de ces sortes d'expéditions fut confiée aux
jeunes officiers. Ces derniers, moins sévères que leurs aînés et
même, de temps à autre, ignorant volontairement que les ordres

n'étaient pas exécutés à la lettre, revenaient assez généralement au cantonnement avec d'abondantes victuailles. Dans plusieurs expéditions de la sorte où je commandais, je ne me suis jamais aperçu que mes hommes eussent été coupables de vols, si ce n'est pour la nécessité de l'approvisionnement.

Par une convention tacite, admise de part et d'autre, des relations presque amicales s'étaient établies entre les deux armées, mais quand il n'y avait pas prise d'armes. A un certain endroit, le Tage faisait un coude produit par une île qu'occupaient les Anglais. Des bords, leurs officiers avaient fréquemment des conversations fort cordiales avec les nôtres, postés sur l'autre rive. Si une canonnière anglaise, que nous ne pouvions voir, remontait la rivière, nous étions prévenus et revenions à nos campements. Le général Junot fut un jour blessé pour n'avoir pas tenu compte d'un pareil avis. En toutes circonstances, les prisonniers étaient traités des deux côtés avec tous les soins imaginables et la plus parfaite courtoisie.

Un jour de février 1811, ma compagnie se trouvait de grand'-garde ; notre premier lieutenant avait été la nuit entière à la recherche des provisions et, au lieu de revenir au camp, avait trouvé plus commode de s'arrêter d'abord à notre poste, placé sur son chemin. Au nombre des diverses réquisitions opérées par ses hommes se trouvait un vieux taureau, animal assez rare pour devenir un sujet de générale exclamation de la part de nos soldats. Le capitaine Grignon, notre commandant, était si transporté de joie que, ne voulant pas laisser à un autre l'honneur de sacrifier la victoire, il saisit un fusil des faisceaux et tira aussitôt le taureau, le visant à la tête. Le pauvre animal, qui n'avait pas été attaché, fit un formidable bond et prit la fuite, précisément dans la direction du poste anglais, qu'on ne pouvait voir du nôtre, mais que nous savions situé à moins d'un demi-mille. Sans trop d'hésitation, la note suivante fut écrite au crayon sur le dos d'une enveloppe : « Le capitaine Grignon, du 26° de ligne, présente ses compliments à l'officier du poste anglais et le prie de lui retourner son taureau. » Ce n'était certes pas un cas bien net d'extradition, mais notre gai capitaine n'était pas un casuiste et n'hésita pas une seconde. Le laconique message fut, sur-le-champ, confié à un caporal et à quatre hommes, en tenue de travail et sans armes, et expédié sans plus tarder. Il pouvait être

environ huit heures du matin. Plusieurs heures s'écoulèrent
sans que nos hommes reparussent, et notre capitaine, relevé à
midi, dut ramener sa compagnie au camp, commençant à
craindre pour le résultat de sa confiance chevaleresque en l'ennemi. Aussitôt arrivés au cantonnement, au lieu de prendre
un repos dont nous avions grand besoin, nous retournâmes tous
deux aux avant-postes, poussés par l'anxiété. On n'y avait aucune
nouvelle de nos *courriers*, et la vision de la cour martiale commença à hanter sérieusement la pensée du capitaine. Vers cinq
heures de l'après-midi, cependant, nous entendîmes de grandes
clameurs partant du camp anglais. Bientôt après, quoiqu'il fît
presque nuit, nous aperçûmes une cinquantaine d'habits rouges
accompagnant, à grand renfort d'acclamations, nos cinq soldats
qui précédaient, ivres comme Bacchus, leur enthousiaste escorte,
roulant d'un côté du chemin à l'autre, tout en partageant la
délirante satisfaction de leurs nouveaux camarades aussi avinés
qu'eux. Les Anglais s'arrêtèrent une fois arrivés à hauteur de
nos sentinelles et reprirent le chemin de leur camp, non sans
avoir fortement serré la main de nos hommes. Ces derniers nous
rejoignirent enfin et jetèrent à terre ce qu'ils portaient : c'étaient
des quartiers de bœuf, des morceaux de pain enfilés à une corde
et deux vessies pleines de vin. Pour nous, nous renonçâmes à
leur demander des explications, car ils ne pouvaient que pousser
des cris avinés en l'honneur et à la gloire des Anglais, qui les
avaient traités comme des princes, surtout sous le rapport des
liquides. Force nous fut de les laisser au poste afin de leur per-
mettre de se livrer à un sommeil réparateur. Ce fut le lendemain seulement que le caporal songea de lui-même à remettre
au capitaine une lettre à lui adressée et deux ou trois journaux
anglais qu'il avait, la veille, soigneusement cachés sous ses vête-
ments. La lettre, écrite en un français assez correct, contenait à
peu près ces mots : « Le major ***, du ***e régiment, présente
ses compliments au capitaine Grignon et regrette de n'avoir à
lui envoyer qu'une partie du taureau, le bœuf étant un article
rare dans son camp. En compensation, il prie le capitaine d'accepter quelques morceaux de pain et un peu de vin. » Peu après,
je fus appelé à traduire — ce dont je m'acquittais plus facilement
que de converser — certains passages des journaux concernant
notre armée, dans lesquels l'Empereur était désigné sous les so-

briquets habituels de *Bony*, *Nap*, *Nappy* ou abréviations semblables. Nous fûmes vite écœurés des épithètes outrageuses, et
regardées par nous comme un blasphème, attachées sans cesse
au nom et au caractère de notre demi-dieu. Pour moi, je trouvai
la plus grande difficulté à adoucir des expressions que je trem-
blais de traduire. Nous n'étions pas à la fin de nos peines. Le
même jour, dans la soirée, le capitaine Grignon fut appelé devant
le commandant en chef pour narrer l'affaire dans ses détails : on
le renvoya, vertement semoncé et sévèrement blâmé. Le lendemain, on lut dans tous les corps un ordre du jour prononçant de
terribles châtiments contre quiconque se rendrait coupable de
transmission de communications avec l'ennemi.

A la fin arriva le moment où nous dûmes nous retirer le
moins piteusement possible. Le pays, à vingt milles à la ronde,
était totalement à bout de ressources. Plusieurs de nos hommes
ressemblaient à des arlequins, et dans un régiment — le mien —
huit cent cinquante hommes ne se bornaient pas à avoir de mau-
vaises chaussures, mais n'en avaient pas du tout. Seul, le tabac
était chez nous abondant, parce que l'on en avait découvert
quelque part un magasin : aussi, plus d'un repas fut remplacé
par une pipe! La disette de munitions était une source de tracas
pour l'état-major.

Notre retraite commença le 10 mars 1811. L'armée anglaise
n'avait pas cessé de recevoir d'Angleterre des renforts considé-
rables, outre des milliers de volontaires levés en Portugal. Elle
était abondamment fournie de tout, tandis que nous n'avions
rien, ainsi que je l'ai dit plus haut. Néanmoins, comme nous
montrions une attitude ferme et que nous avions repoussé plusieurs attaques d'avant-postes, nous ne fûmes pas trop sérieusement poursuivis, sauf dans trois circonstances. La première fut
à Liria. Cette ville s'enorgueillissait de posséder une seule rue
large par laquelle notre armée devait opérer sa retraite. L'ennemi nous talonnait avec une puissante artillerie, alors que la
nôtre était déjà bien en avant de Liria. Une seule ressource nous
restait. La dernière colonne reçut des ordres et, dès qu'elle eut
quitté la rue en question, elle mit le feu aux deux extrémités : de
sorte que l'ennemi eut la mortification de voir cette colonne
arriver tranquillement à la position qui lui avait été assignée.

A Mondégo, il survint un événement comparable qui, deux ans

plus tard, devait avoir, à Leipzig, des conséquences si désastreuses. Un sergent d'artillerie, laissé au pont avec ordre de le faire sauter après la retraite de l'armée, perdit à tel point la tête qu'il mit le feu à la mine quand il restait encore sur l'autre rive un nombre considérable d'hommes. A Leipzig, ce triste événement causa la mort d'un héros, le prince Poniatowski, et amena la capture de plusieurs milliers de soldats. Sur le Mondégo, une partie du 36ᵉ régiment fut coupée et tout un convoi de mules tomba, par suite, au pouvoir de l'ennemi.

A Sabugal, près de la frontière d'Espagne, nous eûmes un vif engagement, qui fut comme un *cordial* adieu à notre escorte anglaise. Nous rentrâmes enfin, à notre grande satisfaction, en Espagne. Là, nous trouvâmes une abondance relative de vivres et, chose qui n'était pas non plus à dédaigner, dix mois de solde arriérée.

Nous avions presque atteint Salamanque, quand on apprit que lord Wellington avait investi Alméida, la dernière place encore au pouvoir des nôtres, en Portugal. Nous dûmes retourner sur nos pas à marches forcées et rencontrâmes encore une fois l'ennemi, le 3 mai 1811, au village de Fuentès-de-Oñoro, près d'Alméida. Ce fut pour moi une journée mémorable, car elle eut, sur ma vie future, l'effet d'arrêter à son début ma carrière militaire.

Durant toute cette journée, je fus engagé en tirailleurs, puis, la nuit, en grand'garde avec quarante hommes. Le général Loison (1), accompagné d'un seul aide de camp, vint nous visiter. Il m'ordonna de sortir avec la moitié de mon monde et de le conduire là où je présumais pouvoir découvrir les postes anglais les plus rapprochés. Nous avançâmes tranquillement pendant une demi-heure, quand le général me dit que je m'étais probablement trompé dans mes conjectures et qu'il allait rentrer au camp. Pourtant, il voulut que j'allasse encore de l'avant, me donnant comme consigne, au cas où je serais attaqué ou fusillé par une vedette ennemie, de ne point riposter, mais de me replier, ainsi que mes hommes, sur notre poste et de prévenir le quartier général.

La nuit était excessivement noire et il tombait une pluie fine.

---

(1) Il avait remplacé provisoirement, le 23 mars 1811, comme plus ancien des divisionnaires, le maréchal Ney à la tête du 6ᵉ corps.

Nous marchions en silence sur un chemin étroit, bordé de chaque
côté par une haie. Le général ne nous avait pas quittés depuis dix
minutes quand, arrivant à un endroit découvert, une véritable
avalanche de coups assaillit mon détachement, dans l'espace
d'une minute. Il n'y eut pas un seul coup de fusil de tiré. Seules,
la baïonnette et la crosse faisaient l'ouvrage, et, chose bizarre,
quoique tous fussent blessés, un seul de mes hommes, ancien
tambour, avait été tué sur le coup. Quant à moi, avant que
j'eusse pu me rendre un compte exact du guêpier dans lequel
j'étais tombé, je fus jeté à terre inanimé par un coup à la tête et
un coup de baïonnette ou de sabre à l'épaule gauche. Lorsque je
repris mes sens, car je m'étais évanoui, je me trouvai couché sur
l'herbe et entouré d'habits rouges. Un officier, que je sus plus
tard être Sir Charles Steward, s'adressa à moi en fort bon français
et dans les termes les plus encourageants. Bientôt après survint
un chirurgien qui déclara que la blessure la plus grave était
celle de la tête et qu'en peu de jours je serai rétabli. J'appris
alors que j'étais tombé dans un poste occupé par deux compa-
gnies entières et que mon arrivée avait été signalée quelques
minutes auparavant. J'avais donc à me féliciter de ce que le
général Loison avait été assez bien inspiré pour se séparer de
moi comme il l'avait fait. Je fus envoyé en arrière où je ren-
contrai, à l'hôpital de Celorico, un officier que j'avais vu tomber
la veille sous notre feu désordonné. Il avait reçu au genou une
balle dont il souffrait beaucoup. Les relations qui s'établirent
entre nous me furent, dans la suite, de la plus grande utilité. Cet
officier s'appelait A.-H. Pattison, de Glascow, et était, je crois,
capitaine au 74° régiment.

A Lisbonne, où j'arrivai plusieurs jours après, je fis une rencontre aussi agréable qu'inattendue. Les prisonniers de guerre,
escortés par un détachement d'infanterie, furent conduits au fort
de Belem, où ils devaient attendre le moment de l'embarquement
pour l'Angleterre. Nous vîmes plusieurs officiers venant se promener près de la porte du fort. L'un d'eux, s'approchant tout à
coup, regarda le numéro de mon shako, puis celui des boutons
de mon uniforme. Il appela bruyamment ses camarades, qui
arrivèrent en grand nombre. Nous nous aperçûmes alors que
ces messieurs étaient officiers au 26° régiment d'infanterie
anglaise, qui formait la garnison du fort. Ils demandèrent et

obtinrent de me garder dans leur baraquement pendant ma détention et commencèrent dès lors, par une hospitalité pleine d'aménité, à me faire généreusement oublier à leur mess que j'étais prisonnier, ainsi que tous les autres maux de cette néfaste planète. Quelques jours d'une existence pour moi toute nouvelle me donnèrent bientôt la preuve que ce mode d'existence ne m'était pas salutaire, et le docteur du régiment déclara que si je continuais, je serais bientôt *consigné* sur le sol portugais. Le fait est que, par l'effet de la température brûlante qui régnait, joint au peu d'habitude que j'avais des boissons et de la bonne chère, ma blessure à l'épaule ne tarda pas à s'envenimer et que je fus contraint de nouveau à devenir le pensionnaire de l'hôpital. J'y fis encore la rencontre de mon vieil ami le capitaine Pattison, lequel, bien que blessé plus sérieusement que moi-même, n'en réussit pas moins à me témoigner l'attention la plus dévouée. Un des meilleurs résultats de cette amitié fut de me faire obtenir une couchette sur le vaisseau qui devait le transporter en Angleterre, au lieu d'être obligé de m'embarquer sur le navire spécialement affecté au transport des prisonniers de guerre. Ma santé était alors complètement rétablie et j'eus jusqu'à Portsmouth une agréable traversée de dix jours. Je me trouvai fort bien à bord, mes hôtes plus qu'hospitaliers du 26ᵉ régiment ayant envoyé à mon intention sur le bâtiment une quantité de bonnes choses.

Tous les prisonniers, au nombre de soixante, furent débarqués à Gosport, petite ville sur la côte ouest de la baie, en face de Portsmouth, où était établi le dépôt principal des soldats français prisonniers de guerre. Un bonheur inattendu m'attendait là. Deux ans auparavant, j'avais persuadé à ma nourrice, vivant dans un village à dix lieues de Paris, d'autoriser un de ses enfants, mon frère de lait, à s'engager dans mon régiment. La conscription devant le prendre avant quelques mois, il était probable qu'il serait incorporé dans un régiment où, privé d'amis, sa vie ne serait pas facile. Il rejoignit notre corps et fut versé, sur ma demande, à ma compagnie. Comme il avait fait preuve d'intelligence et d'entrain, il ne tarda pas à se mettre bien avec les officiers comme avec ses camarades, devint un soldat d'élite et avait toute chance d'avancement. Le soir de la bataille de Busaco, je fus troublé au delà de toute expression, en ne l'entendant point répondre lors de l'appel de son nom. Je l'avais vu, lui avais parlé plusieurs fois dans le courant de la journée, mais, au milieu de la confusion générale, nous nous étions perdus de vue. A moi avait été dévolu le pénible devoir d'annoncer à sa mère sa fin prématurée. J'avais, toutefois, laissé entrevoir le faible espoir qu'il avait pu être fait prisonnier.

Nous autres, officiers, fûmes logés, en attendant, dans un bâtiment séparé et autorisés, sur parole, à nous promener dans la ville. Notre première promenade fut pour nos compatriotes, que nous visitâmes et avec lesquels nous causâmes. Beaucoup d'entre eux étaient prisonniers depuis des années. Je dois ici à la vérité et à la justice de combattre une croyance erronée relative au dur traitement infligé aux prisonniers de guerre, croyance propagée alors pour les besoins de la cause et accréditée par ceux des nôtres assez infortunés pour être enfermés sur les pontons, c'est-à-dire sur les vaisseaux hors d'usage ancrés dans les ports. Sans aucun doute, sur les pontons, ils menaient une existence très pénible : une nourriture exécrable, peu d'exercice, une discipline extrêmement sévère, parfois même cruelle — tel était leur lot. Mais nous pûmes nous convaincre que nul ne fut envoyé sur les pontons, à moins d'être réfractaire (1) et de troubler l'ordre de la prison de Gosport. Il y avait aussi sur ces vieux navires les équipages des corsaires, dont la façon de faire la guerre n'était pas jugée légale par le gouvernement anglais. Je marchais près de la palissade en bois (une claire-voie entourant la vaste prison qui renfermait plus de cinq mille hommes gardés par deux régiments de milice), quand je fus tout à coup surpris par une exclamation à haute voix de : « Mon lieutenant! mon lieutenant! » Ceux qui m'accompagnaient se retournèrent vivement, quand la même voix reprit : « Mon lieutenant! » joignant mon nom à cette exclamation. J'ai rarement éprouvé une joie plus intense qu'en reconnaissant mon frère de lait et en le trouvant bien portant. Après lui avoir cordialement serré la main à travers le treillage, j'allai trouver le commandant de la prison et, lui ayant exposé le cas, je sollicitai et obtins de lui l'autorisation de passer la journée dans ce lieu de détention. C'était bien

---

(1) C'est une erreur. Les pontons renfermèrent environ 10,000 prisonniers, et tous ne pouvaient être réfractaires.

ainsi qu'il fallait l'appeler, mais il ressemblait sous tous les rapports à une grande quantité de casernes. Il y régnait l'ordre le plus parfait, sous un règlement sévère, mais humain. Nous n'entendîmes pas de sanglots de désespoir, nous ne vîmes point la tristesse dans les yeux des habitants, mais, de tous côtés, au contraire, c'étaient des éclats de rire ou des chansons patriotiques qui résonnaient. Cette façon d'être, pleine de philosophie, prenant le bon côté de tout, pouvait assurément être attribuée à l'heureux caractère de nos compatriotes. Puissent-ils encore longtemps le conserver! Mon frère de lait me conduisit vers un petit coin confortable qu'il occupait en compagnie d'un camarade. J'y remarquai un lit de bonne apparence, ainsi que d'autres meubles modestes qu'ils avaient pu acheter avec leur propre argent. La cuisine occupait le compartiment voisin : elle servait à deux cents hommes et l'odeur qu'elle répandait ne faisait nullement présumer que ses habitants pussent être affamés. Je restai à dîner. Je ne dirai pas que le repas fut somptueux, mais les mets étaient suffisants et de bonne qualité, et, bien que servis dans des plats et assiettes d'étain, avec des couteaux et des fourchettes de même métal, ils étaient accompagnés d'une si cordiale réception que le souvenir de ce dîner m'a toujours laissé sous une agréable impression. Il n'y avait sur la table ni vin, ni liqueurs, le règlement de la prison en interdisant l'entrée; malgré cela, nous n'en fûmes pas réduits à boire de l'eau pure, car nous eûmes en abondance de cet excellent ale que seule l'Angleterre fabrique. Étonné comme je l'étais de voir un confort pareil en un tel endroit, une de mes premières questions fut de demander la source d'une semblable opulence, dont j'avais peine à me rendre compte. Voici l'information que me fournit mon hôte. Il était fils d'un fabricant de paniers et lui-même fort habile dans la fabrication de cet article. A son arrivée à la prison, il obtint la permission — très facilement accordée aux prisonniers — de travailler le métier qu'il connaissait et de vendre ses produits. Les acheteurs affluèrent, car les travaux des prisonniers étaient peu coûteux et, en général, de bonne qualité. Ce commerce, cependant, dut être abandonné à cause de l'extrême difficulté pour se procurer de la matière première. La paille étant fournie en quantité suffisante à nos hommes pour leur coucher, Germain Lamy, nanti des instructions des autres prisonniers, s'ingénia à fabriquer des chapeaux de paille et ne fut pas long à gagner plus d'argent que ne l'aurait pu son père au pays. Mais, hélas! cette prospérité ne fut pas de longue durée. Les fabricants de chapeaux de paille de Portsmouth, d'autres même de Londres et de Barnstable, firent une pétition au Comité de Transport (1), afin de mettre un terme à un trafic qui les lésait fortement dans leurs intérêts. En conséquence, il fut promulgué à la prison une défense absolue de se livrer à ce genre de fabrication. Germain ne perdit pas courage et apprit vite un autre métier, qu'il exerça en s'associant avec un individu connaissant à fond la nouvelle industrie exploitée. Cela consistait à faire avec des os des boîtes à ouvrage, des peignes, différentes sortes de joujoux et surtout des petits bateaux, même des vaisseaux. La matière première ne manquait pas : on tenait deux fois la semaine une espèce de marché où les différentes *popotes* de la prison envoyaient tous les os *soigneusement recueillis*, attendu que les demandes incessantes des fabricants faisaient atteindre à cette matière première des prix fort élevés. Mon frère de lait me montra une frégate, entièrement couverte de voiles, qu'il était en train de faire. Elle avait nécessité, de sa part ainsi que de celle de son associé, un travail assidu de six mois. Ils en obtinrent, comme je l'appris plus tard, la jolie somme de 40 livres sterling. Les cordages et les voiles étaient faits de cheveux recueillis à la prison. A sa libération, lors de la paix de 1814, il rapporta en France environ 650 livres, — près de 16,500 francs, — fruits de son industrie. Au pays, il acheta une petite ferme, se maria et sut conquérir l'estime des habitants de tous les alentours. Malheureux richard! Il mourut du choléra en 1832. En causant, il ne fit jamais allusion au temps de sa captivité sans vanter en termes élogieux l'intégrité et la libéralité dont tous les Anglais avec lesquels il avait eu des relations d'affaires avaient fait preuve à son égard. De tels rapports, ainsi que d'autres semblables répandus en France, n'ont pu qu'affaiblir les sentiments de haine et d'antagonisme soulevés par la guerre entre les deux nations.

Je me suis peut-être trop attardé sur cet épisode de mon exis-

---

(1) Le Comité de Transport était une commission gouvernementale à laquelle étaient dévolus l'entretien et le contrôle des prisonniers de guerre. Elle avait pour principaux agents des officiers de la marine britannique.

tence, qui sera peut-être dénué d'intérêt pour mes lecteurs. Mais en ayant ressenti le vif contre-coup, je me crois forcé de consigner ici ce tribut d'affection à la mémoire de mon frère de lait, Germain Lamy. Ce dernier, durant notre captivité, ne cessa de me rendre tous les petits services que je n'ai jamais été à même de lui rendre au régiment. Ne puis-je justement, dans ce cas, appliquer l'exhortation encourageante de la Bible : « Jette ton pain sur l'eau, car tu le retrouveras après bien des jours. »

Après un court séjour à Gosport, on m'envoya, sur parole, en compagnie de quelques autres officiers, dans la ville de Odiham, petite cité du comté de Hampshire. Il ne m'y arriva rien de particulier à noter. Le nombre des prisonniers s'étant sensiblement accru en ce temps, par suite de la prise de l'île de France, de la Guadeloupe et de la Martinique, les villes principalement assignées en Angleterre pour recevoir des officiers sur parole furent si encombrées que le gouvernement britannique se décida à en cantonner en assez grande quantité en Ecosse où, jusque-là, on n'avait envoyé personne (1). Pour des raisons politiques, l'Irlande se trouvait exclue de cette répartition. Odiham dut loger quelques officiers et je fus désigné pour être transporté en Calédonie. Nous débarquâmes donc à Leith, le 1er octobre 1811. D'Edimbourg, nous nous rendîmes au lieu de notre destination qui était Selkirk, capitale du Selkirkshire, à trente-six milles sud d'Edimbourg. Pendant la route, nous nous arrêtâmes quelques heures à Penicuik (2), où se trouvaient internés environ deux mille de nos soldats ou marins. L'organisation et le règlement de la prison nous semblèrent calqués sur ceux que nous avions admirés à Gosport.

Selkirk est traversée par l'Ettrick, qui vient de l'ouest et se jette dans la Tweed, à environ un mille et demi de la ville. Bien peu de maisons sont recouvertes d'ardoises, le chaume domine. Quoique la ville compte environ deux mille habitants et que notre arrivée eût été notifiée à l'avance, nous n'en éprouvâmes pas moins quelques difficultés à faire le logement pour les cent quatre-vingt-dix individus qui allaient former la colonie. De nouvelles dispositions à cet égard ne se firent pas attendre. Les

_____

(1) L'Ecosse avait eu déjà des prisonniers de guerre avant la paix d'Amiens.
(2) Le dépôt de prisonniers Valleyfield se trouvait près de là.

habitants s'aperçurent vite que nous étions des clients payant
comptant; aussi, était-ce à qui nous aurait pour locataires,
mettant à notre disposition tous les logements disponibles. La
ville était entourée de collines gracieuses; au centre, elle possédait un large square orné d'une fontaine. Un beau pont traver-
sait l'Ettrick. Un édifice ordinaire, appartenant à l'Eglise angli-
cane, et un autre, plus vaste, appartenant aux presbytériens ou
plutôt à une secte connue sous le nom de « Anti-Burghers »,
qui avait pour pasteur un homme excellent et respectable, appelé
Lawson (1), étaient les deux seuls édifices de Selkirk dignes d'une
mention.

Nos ressources pécuniaires étaient faibles, mais suffisantes;
tout, heureusement, se vendait bien meilleur marché qu'en Angleterre. Notre solde, régulièrement payée chaque samedi matin
par l'agent, était, indistinctement pour tous les grades, d'une
demi-guinée par semaine. En outre, la majeure partie de nous
recevait plus ou moins d'argent de France par les soins de
Th. Coutts, le banquier de Londres, que chacun des gouver-
nements avait choisi à cet effet. Un de nos camarades, appelé
Belleville, était riche et recevait environ 1,000 livres par an.
Ma famille m'adressait 50 livres qui m'étaient versées chaque
trimestre. Nous dépensions ensemble environ 150 livres par
semaine, de sorte que, lors de la fin des hostilités en 1814,
c'est-à-dire en l'espace de deux ans et demi, nous n'avions
pas dépensé moins de 4,000 livres (2), somme énorme pour
une si petite ville, n'ayant ni commerce, ni manufacture. Notre
logement nous coûtait à chacun indistinctement 60 cents (3)
par semaine, et généralement nous nous réunissions en mess au
nombre de deux jusqu'à six. Quelques-uns de nous devinrent
passionnés pour la pêche et y excellèrent. L'Ettrick et la Tweed
étaient remplies de truites et d'anguilles d'excellente qualité; un
lac, sur une montagne environnante, abondait également en sa-
voureux brochets. Personne ne songea jamais à nous priver de

---

(1) Le Révérend Dr Lawson, principal d'un collège de théologie.

(2) L'auteur se trompe dans ses calculs. Une dépense de 150 livres par semaine,
pendant deux ans et demi, formerait non pas un total de 4,000 livres sterling,
mais bien 19,500.

(3) Les trois cinquièmes du dollar américain, un peu plus de 3 francs de notre
monnaie.

cet agréable passe-temps qui nous procura de précieuses ressources pour nos *popotes*.

Nous étions trop Français pour nous laisser envahir par les tristesses de la captivité, par le sentiment d'incertitude qui enveloppait le moment de notre délivrance, ou bien pour nous laisser aller au chagrin et aux lamentations. Un individu, pris à la Martinique, se fit passer pour un officier de marine. On le crut sur parole. Il faisait donc partie de notre colonie et, ayant quelques ressources, il fit venir d'Edimbourg un billard et tout l'agencement d'un excellent café où seuls les Français étaient admis. Quelque temps après, comme nous apprîmes que parmi nous plusieurs possédaient des notions musicales, nous louâmes des instruments à Edimbourg également et réunîmes vingt-deux exécutants qui, sous la direction d'un violoniste de premier ordre, formèrent un orchestre supérieur à tout ce que les échos de notre résidence écossaise avaient jusqu'alors répercuté. Nous invitâmes à nos concerts, gracieusement bien entendu, ceux des habitants dont nous avions fait la connaissance.

Ces divertissements ne satisfirent pas longtemps notre activité naturelle. Nous recueillîmes entre nous une somme de 100 livres, louâmes une grange en ville, achetâmes des bois de charpente en grand nombre, ainsi que les outils nécessaires, et nous mîmes à construire un théâtre, etc. ; en outre, nous nous procurâmes des bancs pour asseoir deux cents spectateurs. L'orchestre était tenu par notre musique. Les costumes, surtout ceux des rôles féminins, nous nécessitèrent de grands efforts d'habileté. Aucun de nous n'avait auparavant exercé le métier de charpentier, de tapissier, de tailleur ou... fait son apprentissage chez une couturière. L'intelligence, toutefois, stimulée par la volonté, peut engendrer de petits miracles. Après quelques répétitions soignées, nous eûmes un répertoire de choix, tiré de nos auteurs tragiques et comiques les plus populaires. La partie musicale, de son côté, posséda des morceaux de nos meilleurs vaudevilles. Nous avions tous les mercredis une représentation pour laquelle nous étendions les mêmes invitations que pour nos concerts du samedi, de sorte que notre grange était généralement bondée, mais en majeure partie de nos camarades.

Sur chacune des quatre routes aboutissant à la ville et à une distance d'un mille, il y avait une borne sur laquelle étaient

inscrits ces mots : « Limite des prisonniers de guerre. » Un lous-
tic des nôtres enleva l'une de ces bornes, la transporta à un mille
plus loin, à la risée des habitants qui, devons-nous le dire à leur
louange, ne se prévalurent jamais, en aucune occasion, d'un
règlement en vertu duquel quiconque pouvait avoir vu l'un de
nous en dehors des limites fixées avait droit à une guinée,
amende payée par le délinquant. J'étais allé bien souvent pêcher
à plusieurs milles en descendant la Tweed, je ne fus jamais condamné à l'amende et n'éprouvai jamais de ce fait le moindre ennui.

Nous ne fréquentions personne de la ville, parce que, avant
notre arrivée, les quelques citoyens pouvant prétendre à faire
partie de la haute société — comme nous l'eûmes bientôt appris
— avaient pris la résolution, en une réunion organisée à cet
effet, de n'admettre aucun de nous dans leur intimité. Nous
ne leur devions donc absolument rien pour leur hospitalité,
et nous nous moquâmes de leur détermination. Des avances
furent cependant faites par certains malins écossais à Belleville, dont j'ai eu occasion de parler : la cause de cette préfé-
rence, dont il refusa constamment de se prévaloir, était qu'on
le savait très riche. Nous nous fîmes, dans les environs, d'agréables relations. Peu d'entre nous auront oublié les aimables at-
tentions dont nous fûmes gratifiés de la part de M. Anderson, un
gentleman farmer, qui ne semblait jamais si heureux que quand
il pouvait attirer et recevoir chez lui tous ceux qui aimaient à
pêcher dans la rivière au pied de laquelle se trouvait sa résidence. Un autre de nos amis était un riche avocat retiré, un
bon vivant dans toute l'acception du terme et dont le seul défaut,
à notre avis, consistait dans le chagrin qu'il éprouvait de ne pouvoir rester sobre au milieu des copieuses libations dont il nous
régalait. Un troisième ami, également plein d'aménité, était un
M. Thorburn, un *gentleman farmer* aussi, le plus aimable des
amphitryons, qui semblait déterminé à faire goûter à ses hôtes
français les plats fins écossais, tels qu'une tête d'agneau grillée,
un salmigondis, ainsi qu'une merveilleuse espèce de fromage
qu'il fabriquait lui-même.

Mais il y avait un homme que je rencontrais à cette époque et
dont je n'appréciais alors, comme je l'eusse fait plus tard, le
commerce glorieux. Sir Walter Scott était seulement M. Scott,
et personne, à l'exception peut-être de ses éditeurs, n'aurait pu

le soupçonner d'être un jour le « Grand Inconnu », auteur de *Waverley*. Quant à nous, nous ne voyions en M. Scott que le shérif du Selkirkshire, ainsi qu'un avocat de quelque renom à Edimbourg. Ses fonctions de shérif l'amenaient souvent à Selkirk, mais il résidait dans sa propriété de Melrose Abbey, située à environ trois milles de la ville.

M. Scott se lia avec un de nos camarades, nommé Tarnier, jeune homme aux brillantes dispositions, d'excellente éducation et d'un caractère excessivement gai. Bientôt après, sans que l'agent du Gouvernement fût sensé le savoir, ou plutôt avec son approbation tacite, Tarnier fut invité à Melrose Abbey (1) et nous raconta avec force détails la réception qu'il y avait reçue. Peu après, et sans doute à l'instigation de notre compatriote, Tarnier fut autorisé par M. Scott à amener avec lui trois de ses amis, chaque fois qu'il recevrait une invitation à dîner à Melrose. De la sorte, j'y allai deux ou trois fois, non pas invité par le propriétaire lui-même, mais par mon camarade Tarnier.

Nous étions, autant que je peux m'en souvenir, aux environs de février 1812 et nous avions à peu près la façon de procéder suivante : au crépuscule, les invités se réunissaient à la borne dont j'ai parlé; il y avait là une voiture qui les conduisait bon train à Melrose Abbey, où l'hôte nous accueillait gracieusement. Nous ne voyions Mme Scott que durant les quelques moments précédant l'annonce du dîner, auquel elle n'assistait pas. Mme Scott était, à ce que nous supposions, Française ou d'origine française; en fait, elle parlait parfaitement notre langue. M. Scott l'avait épousée à Berlin (2). Notre hôte se montra à nous sous un aspect tout différent de celui sous lequel nous l'avions connu passant dans les rues de Selkirk.

Il nous avait fait l'effet d'un homme enjoué, à la physionomie ordinaire et peu significative, à l'attitude même un peu gauche, à la démarche vulgaire et aux allures à l'avenant, causées probablement par sa boiterie. A Melrose Abbey, au contraire, nous

---

(1) L'auteur fait confusion. Walter Scott repose à Melrose Abbey, vieille ruine. Son habitation était Abbotsford.

(2) L'auteur fait évidemment erreur. La femme de Sir Walter Scott s'appelait, de ses noms de jeune fille, Charlotte-Marguerite Charpentier. Elle était née à Lyon, d'un nommé Jean Charpentier, époux de Charlotte Volère. Le mariage de Sir Walter Scott avait eu lieu le 24 décembre 1797 à Carlisle, en l'église Sainte-Marie, et non à Berlin.

trouvâmes en lui un gentleman plein de cordialité et de gaîté, recevant ses invités d'une façon aussi aimable que délicate. Les appartements étaient spacieux et bien éclairés; la table, sans être somptueuse, était, somme toute, servie avec recherche. On ne doit pas s'attendre à ce que je décrive très exactement les alentours de la maison; les deux fois que j'y allai, nous arrivâmes au crépuscule et en repartîmes en pleine nuit, par le même mode de locomotion. Ainsi, à l'exception de la salle à manger et d'un aperçu très succinct du salon, tout ce que je sais de Melrose Abbey a été trouvé dans des brochures que tout le monde a pu lire. On ne doit pas non plus s'attendre à ce que je décrive des repas auxquels j'ai assisté il y a soixante-cinq ans. Mais le thème général de la conversation est resté dans ma mémoire d'une façon immuable. Le sujet principal de nos causeries ne roulait point ordinairement sur la politique, mais sur de minutieux détails concernant l'armée française. Tout ce qui touchait à Napoléon, comme traits ou anecdotes, semblait surtout intéresser au plus haut degré notre hôte, qui trouvait toujours moyen, nous le remarquâmes, de ramener la causerie sur ce sujet, s'il arrivait qu'on s'en écartât. Comme on peut l'imaginer, nous avions soin de ne rien dire de défavorable sur le caractère et le renom de notre bien-aimé empereur. Étions-nous alors loin de supposer que notre hôte préparait un ouvrage publié dix ans après, sous le titre de : *Une vie de Napoléon Bonaparte?* Dans cette œuvre de mauvaise foi, qui est une tache sur le nom de son illustre auteur, Sir Walter Scott cite des faits concernant l'Empereur dont la plupart lui avaient été rapportés par nous, mais qu'il eut soin d'accompagner d'insinuations malveillantes et d'expliquer par des mobiles personnels indignes de Napoléon. Ce qui va suivre en est une preuve.

Pendant l'armistice qui eut lieu après la bataille de Zurich, Souvaroff et Masséna passèrent quelques jours à causer cordialement, et souvent même familièrement, en italien. Une fois, le général russe, faisant allusion à certains objets d'art confisqués et envoyés en France, termina en disant : « *Tutti Francesi sono ladroni! —* Oh ! s'écria Masséna, *tutti? — Tutti, no, forse,* répliqua Souvaroff en riant, *tutti, no, ma buona parti.* » (*Bonaparte*) (1).

------

(1) « Tous les Français sont des voleurs. — Oh! tous? — Non, pas tous, assurément, mais une bonne partie. »

Ce trait d'esprit véritablement singulier, venant d'un homme connu pour l'austère gravité de son caractère et raconté à table par l'un de nous à Sir Walter Scott, fut saisi par lui avec empressement, pour se prévaloir d'une autorité aussi assise que celle de l'éminent général russe, afin d'avilir Napoléon en le représentant comme un insatiable voleur. Toutefois, il est de notoriété publique que tous les objets d'art qu'il prit en pays étrangers, et principalement en Italie, furent au préalable estimés à leur valeur exacte par une commission en partie composée d'Italiens, et reçus non comme le produit de vols, mais bien en compensation d'indemnités de guerre levées dans le pays. De plus, il est universellement admis que Napoléon, emmenant tous ses trésors en France, ne permit jamais qu'on les plaça dans ses propriétés privées, mais eut soin, au contraire, de les distribuer aux musées nationaux de Paris et de province. Ainsi se passèrent, pour se terminer assez rapidement, mes relations avec un personnage illustre.

Nos rapports amicaux avec les habitants de marque de Selkirk ne furent interrompus qu'en deux seules occasions, plus amusantes que sérieuses, du reste, mais qui auraient pu cependant tourner au tragique.

Le 15 août 1813, nous nous réunîmes en un banquet pour fêter la naissance de l'Empereur. Notre réunion avait lieu dans notre café, situé au rez-de-chaussée; les fenêtres ouvraient sur le jardin public et, au coin de la maison, aboutissait une ruelle allant à l'extrémité de la ville. Nous étions une centaine environ (1) et nous avions fait des provisions pour le double de ce nombre. Le repas fut excessivement gai. Après nombre de toasts, accompagnés de chants, de discours, de vivats, on remarqua que la table se trouvait encore remplie de victuailles dont nous ne savions que faire. Il fut décidé que le meilleur emploi à donner à ces bonnes choses serait de les distribuer à la foule qui, en ce moment, était répandue dans le jardin public. A cette décision, prise à l'unanimité, vint s'ajouter une autre proposition également acclamée. Cet amendement consistait à exiger que quiconque recevrait de nos provisions serait tenu, avant d'en prendre possession, d'ôter sa coiffure et de crier : « Vive l'em-

---

(1) Chiffre exact : quatre-vingt-dix.

pereur Napoléon! » A cet effet, quelques-uns d'entre nous allèrent se poster à l'entrée de la ruelle dont j'ai parlé, portant d'une main une moitié de jambon, de dinde ou de roastbeef, et de l'autre, un verre plein de vin, d'eau-de-vie ou de whisky. La difficulté consistait à persuader à nos soi-disant hôtes de se conformer à notre condition *sine qua non*. Tous hésitèrent et partirent. A la fin, nous aperçûmes dans la foule un individu qui nous servait de factotum et qui, en cette qualité, avait gagné pas mal d'argent avec nous. Cet homme, dont je n'ai jamais su le vrai nom, avait été surnommé *Bang-bay* à la suite des circonstances suivantes. Constamment tourmenté par des appels simultanés à ses services, sa réponse, impassiblement toujours la même, était *by and by* (1). Cette expression, incompréhensible pour le plus grand nombre de nous, fut changée en *Bang-bay*, ce qui se rapprochait le plus de la prononciation que nous pouvions donner. Nous ne nous servîmes plus, pour le désigner, que de cette harmonieuse appellation. Ayant donc quelque autorité sur cet homme, nous lui criâmes d'avancer. Il s'empressa de le faire. Après une courte hésitation, il agréa nos conditions. Il reçut en conséquence une dinde rôtie presque entière, but un verre de liqueur et fut renvoyé non pas du côté du jardin, mais à l'autre bout de la ville.

Dès ce moment, nous n'éprouvâmes que la seule difficulté d'approvisionner le grand nombre de ceux qui se mirent sur les rangs pour porter le glorieux toast. Bientôt après, nos provisions avaient disparu et l'ennui hautement exprimé par ceux qui n'avaient été que spectateurs de cet amusement nous causa un plaisir infini. Ce plaisir ne devait pas être de longue durée. La foule s'était lentement écoulée, mais une demi-heure après elle se reforma de nouveau au jardin. Nous avions repris nos places et nous écoutions une chanson composée pour la circonstance, quand une pierre, passant à travers la fenêtre, atteignit un capitaine d'artillerie du nom de Gruffaud. Il se précipita aussitôt à la fenêtre et, s'adressant à la foule sur un ton impérieux, il demanda : « Quel est le bougre qui a jeté cette pierre? » Personne ne souffla mot; puis voyant un ricanement s'esquisser sur la face d'un individu, il continua : « Peut-être est-ce vous, vous qui me

______

(1) Un peu plus tard.

regardez? — C'est peut-être bien moi, » répondit courageuse-
ment le jeune homme. Il venait à peine de prononcer ces mots
que Gruffaud lui lança la pierre en pleine figure et le blessa
gravement. Une bagarre allait en résulter; ce que voyant, nous
saisîmes couteaux et fourchettes, nous brisâmes quelques chaises
pour nous en servir en guise d'armes défensives, puis sautâmes
à travers portes et fenêtres pour secourir notre camarade. Comme
la foule n'était pas armée, elle jugea prudent de ne point faire
l'essai de nos projectiles et quitta la place séance tenante. Quelques instants après, l'agent M. Robert Henderson vint en toute
hâte nous prévenir qu'une nouvelle foule s'organisait, qu'elle
possédait cette fois des armes et que l'affaire allait prendre une
très mauvaise tournure; que, d'ailleurs, nous étions dans notre
tort, attendu qu'il était dix heures et que, d'après le règlement
auquel nous avions pris l'engagement d'obtempérer, nous devions
être rentrés, chacun de nous, dès neuf heures. Nous admîmes
le bien fondé de ces observations et nous nous retirâmes aussitôt
très tranquillement. L'affaire n'eut pas de suites, et l'on fut
bientôt, Français et Écossais, plus camarades que jamais.

Nous ne tardâmes cependant pas à éprouver, pour une autre
cause, un désagrément bien plus grave. A l'annonce d'une victoire de Wellington en Espagne, les habitants de Selkirk eurent
le mauvais goût, sinon l'indélicatesse, eu égard à notre position,
de mettre en branle toutes les cloches de la ville et de manifester
une joie grossièrement débordante. Nous ne fûmes pas longs à
leur rendre la pareille. Peu de temps après, un samedi, arriva la
nouvelle d'une grande victoire remportée en Russie par l'armée
française. Nos plans furent vite tracés. Le lendemain, dimanche,
deux des nôtres assistèrent au service de la *maison de réunion* (1), et réussirent à se si bien cacher, que les portes furent
fermées avant qu'on ne les eut découverts. A minuit, nos
hommes ouvrirent une des fenêtres et introduisirent une demi-
douzaine de leurs affiliés : ces derniers, munis d'une longue
corde, eurent bientôt fait de la relier à celle de la cloche. Six bras
vigoureux en firent bientôt vibrer les sons de façon à la briser,
et, en quelques minutes, l'étonnement et la consternation se
répandaient par la ville. Avant l'arrivée de la foule, accourant de

____

(1) L'église des quakers.

toutes parts aux portes de l'église, nos camarades, ayant regagné prestement leurs logis, étaient sûrs de ne point être découverts. Quoique les soupçons fussent dirigés de notre côté, on ne put rien préciser contre nous et l'affaire n'eut pas de suites.

Enfin, la paix fut proclamée et on nous informa qu'un vaisseau serait prêt, à Berwick, dès le 26 avril 1814, pour nous transporter à Boulogne ou à Calais. Il est difficile de dire avec quels transports de joie cette nouvelle fut accueillie par nous : joie qui, j'en suis certain, ne dut pas être partagée par ceux dont les logements allaient maintenant être vacants.

Le petit nombre d'entre nous qui avaient des moyens pécuniaires suffisants proposèrent de se rendre à Berwick en voiture; mais, lors d'une réunion générale organisée à cet effet, Belleville proposa de mettre en commun l'argent que nous avions et de le distribuer également *per capita*, de façon à ce que chacun s'en allât sur le même pied d'égalité. Il donna lui-même l'exemple en offrant tout son avoir, environ 30 livres. La somme entière, ainsi réunie, ne montant pas à plus de 60 livres, nous décidâmes de faire la route ensemble et à pied : un vieux colonel et deux autres officiers malades furent seuls exemptés de cette décision et on se procura pour eux une voiture.

Nous n'avions qu'une crainte en quittant Selkirk, celle de partir sans trouver une occasion de nous amuser encore un peu. Elle se présenta, d'ailleurs, d'elle-même et nous n'étions pas disposés à la laisser échapper. Le matériel de notre théâtre, en tant que planches, sièges, décors, costumes, etc., ne nous avait pas coûté moins de 120 livres : nous ne comptions pas notre temps, puisque nous avions été nous-mêmes nos propres charpentiers, serruriers, peintres et tailleurs. Tout ce matériel devait, suivant nos prévisions, nous procurer de quoi faire notre voyage plus confortablement. Nous annonçâmes donc que le lendemain nous vendrions aux enchères, et dans notre grange, lesdits objets : un jeune officier fort joyeux, notre camarade Tarnier, dont j'ai parlé, parlant couramment anglais, devait être le commissaire-priseur. A l'heure indiquée, il y avait une foule telle qu'on pouvait espérer un grand succès. Le départ des enchères fut fixé à 50 livres, mais il fallut aussitôt ramener ce chiffre à 20. Dès lors, au milieu des exclamations du commissaire-priseur, auxquelles l'auditoire répondait par

des ricanements moqueurs, l'offre la plus élevée fut de 4 livres.
Nous nous comprîmes aussitôt. Notre consciencieux commissaire-priseur annonça à l'assistance que l'étroitesse de notre
grange nous obligeait à continuer la vente dans un champ situé
aux portes de la ville, champ que nous avions loué pour y jouer
au *foot-bal'*. Aussitôt, et au milieu des murmures bruyants
de la foule, nous renversâmes les planches et les bancs, et
priâmes chacun de nous suivre vers notre nouvel emplacement.
Continuant à nous montrer pleins d'attention pour nos beaux
décors, costumes et accessoires, nous plaçâmes soigneusement
dessous un tapis de paille, recouvert lui-même d'un joli amas
de bois. La vente reprit alors de plus belle. Tarnier se mit en
grands frais d'éloquence pour remuer tout sentiment de libéralité
capable de dénouer les cordons de la bourse de nos amis écossais.
Tous ces efforts furent vains : les habitants savaient que nous devions nous défaire de tout, et la meilleure enchère fut de 6 livres.
Quelques-uns d'entre nous, bien approvisionnés d'acier, de
pierres à fusil et d'amadou, se placèrent autour du tas inflam-
mable de notre matériel. A un signe convenu du commissaire-
priseur, la pile entière prit feu, menaçant sérieusement de communiquer l'incendie à la ville, si le vent eût soufflé. Nous
accueillîmes ce feu de joie de vigoureux cris de : « Vive l'Empereur! » tout en n'ignorant pas que ce dernier avait déjà abdiqué
à cette époque. L'assistance, surprise d'étonnement, poussait des
cris où le désappointement se mêlait à la joie.

Enfin arriva le jour de notre départ, que nous devions effectuer
le mardi matin. Nous avions presque tous passé au jardin public
notre nuit à chanter et à nous amuser, de sorte que nous étions
prêts de bonne heure et allions nous mettre en route, quand un
imprévu et curieux spectacle frappa nos yeux. Des véhicules de
toute espèce débouchèrent par toutes les routes convergeant
vers le centre de la ville, — voitures, tilburys, charrettes, ainsi
que quelques chevaux de selle, — le tout envoyé par les habitants
des environs pour nous conduire gratis à Kelso, à moitié route
de Berwick. Cette délicate attention avait été si bien calculée et
si gentiment accomplie, que nous ne pouvions faire autrement
que de l'accepter avec force remerciements. Nous nous sépa-
râmes donc de nos amis de Selkirk sans garder, de part et d'autre,
aucun des sentiments de rancune pouvant exister auparavant.

Notre arrivée à Boulogne fut attristée par la vue du drapeau blanc détesté, remplaçant, sur les monuments publics, notre bien-aimé drapeau tricolore. Cette désagréable sensation augmenta un peu plus tard à la suite d'un outrage qui nous aigrit encore davantage. Débarqués vers dix heures du matin, nous allâmes directement à la mairie pour nous faire délivrer des billets de logement. A quatre heures de l'après-midi, nous étions encore debout ou assis sur le pavé, en pleine rue, attendant le bon vouloir de Sa Seigneurie M. le Maire, un émigré récemment rentré. Malheureusement pour moi, j'étais près de la porte quand elle s'ouvrit enfin, et je n'en avais pas plutôt dépassé le seuil que je me livrai à un débordement d'invectives contre ce maire. Entre autres injures, je lui dis que du temps de l'Empereur il n'eût pas osé traiter ainsi des officiers français rentrant de captivité. L'altercation fut coupée court, grâce à l'intervention de quelques-uns de mes amis plus prudents que moi. Nous n'en vîmes pas moins ce fonctionnaire prendre en note mon nom et le numéro de mon régiment.

Quelques jours plus tard, j'étais à Paris et me rendis au ministère de la Guerre pour recevoir des ordres. Tout d'abord, suivant l'usage, je fis passer ma carte à l'huissier. Nous étions nombreux attendant pour les mêmes raisons. Enfin, on m'appela. Je fus introduit dans le cabinet d'un officier âgé, portant l'uniforme de général. Avant que j'eusse eu le temps d'exposer mon cas, il me demanda quand et où j'avais débarqué d'Angleterre. Sur ma réponse, il m'adressa tout aussitôt, non pas une simple observation, qui eût été suffisante, vu ma jeunesse et ma situation, mais une réprimande sévère, laquelle se termina en me priant de laisser mon adresse dans le bureau voisin. Je le quittai plein d'indignation. Une fois chez moi, mon premier soin, malgré les avis de mes amis, fut d'écrire brièvement ma démission, que je portai aussitôt au ministère de la Guerre. Le soir même, je reçus une réponse conçue en ces termes : « Votre démission est acceptée. »

Ainsi se termina, pour un temps au moins, mon expérience de ma vie militaire.

9 782013 277068